子どもは善悪をどのように理解するのか？

道徳性発達の探究

長谷川真里
Mari Hasegawa

ちとせプレス

はじめに——道徳を科学するとは？

道徳、というと、なんとなく近寄りがたい、堅苦しいイメージがないだろうか？　少なくとも、筆者がはじめて心理学を学んだ頃、そのようなイメージを抱いていた。

道徳とは何か、善悪とは何か、というような大きな問いに答えることは難しい。筆者は大学の授業で「まずは道徳的な人とはどんな人か想像してみてください」と問いかけることがある。この問いに対する学生の答えは多様だ。思いやりのある人、涙もろい人、ルールを守る人、正義感の強い人……。道徳や道徳性の多様性を表しているのだろう。その一方で、必ず出てくる言葉がいくつかある。善悪、ルール、思いやり、公正。学生の直感は正しい。これらの言葉は、道徳性心理学の中で中心的な概念である。

心理学において、道徳とは、人々が善悪をわきまえて正しい行為をなすために守り、従わねばならない規範の総体と定義される。これは、外面的、物理的強制を伴う法律とは異なり、自発的に正しい行為へと促す内面的原理として働くものである。そして、道徳性心理学とは、道徳に関わる人間の行動や心理について、心理学的な手法で解明する学問である。教育心理学、社会心理学のように心理学の一領域を担う確固たるサブジャンルではない。研究手法やよって立つ理論を問わず、道徳性を研究テーマとした一連の研究群を指すことが多い。

筆者が心理学の研究を始めた一九九〇年代では、道徳性心理学はマイナーなジャンルであった。限られた少数の研究者が細々と取り組んでいるというイメージがあった。また、道徳というものを科学的に調べる方法が十分に確立していなかった。科学とは、普遍性と再現性が前提条件となるが、道徳や道徳性は、それぞれが追求すべき個人的な価値の問題ゆえに研究対象にすべきではないという風潮もあった。

しかし二一世紀になって、状況は一変した。ジョナサン・ハイト（Jonathan David Haidt）の衝撃的な論文「情動的なイヌと合理的な尻尾」はこれまでの道徳性心理学の常識に揺さぶりをかけるものであった。乳幼児研究の手法が洗練され、言葉をもたない赤ちゃんの道徳観を調べることも可能になった。神経科学の領域でも道徳性に関わる研究が加速度的に増加し、それは現在も続いている。そしてなにより、「面白い」研究が増えた。我々の常識を覆す乳幼児の有能性や、大人も気づかない道徳的思考の罠が次々と明らかになってきた。道徳性は最も学際的な研究ジャンルの一つとなった。

さらに見逃せないのは、現代社会の問題である。限られた政府の予算を老人の福祉と保育園のどちらにより多く分配すべきか、というのは、道徳の中心的な概念である公平性の問題である。テロや移民の問題は、現代日本において遠い世界のことではなく、異質な信念や習慣をもつ他者をどのように受容すべきか、という切迫した課題を突きつける。子どもが「道徳的」であってほしいという期待をもつ人もいる。これらは、いまや一部の専門家に任せればよい問題ではなくなった。市民一人ひとりが考えざるをえない状況になっているのではないだろうか。

このように大上段に構えてみたものの、本書の執筆の動機は単純だ。筆者が、日々子どもたちを対象に調査や実験をするなかで感じた、「面白さ」を共有したい、というものだ。実験の結果を報告すると、「じつはこんなふうに考えていたのか！」「意外にわかっていないのですね」「こんな小さな子どももちゃんとわかっているとは」と親や教師のかたも驚くことが多い。

本書は、このような、道徳性に関わる心理学の研究を紹介するものである。残念ながら、本書には、切迫した現代社会の問題への即効性のある答えは提示されていない。また、「良い子」を育てるためのハウツー本でもない。道徳を礼賛するのでも、個人の有する価値に踏み込むものでもない。本書は、「道徳」という摩訶不思議なものが、知らずしらず我々の社会や私たち自身と深く関わっているという、その「不思議さ」を楽しんでもらうことを目的としている。

第1章から順に、善悪、ルール、公平、罪悪感、寛容など、道徳に関わるトピックを一つずつ取り上げていく。これらのテーマに関わるすべての心理学研究を網羅するのは、筆者の力量を超えている。そこで、各章で取り上げる実験や調査は、筆者の専門である発達心理学の領域の研究が中心となっている。また、幅広い道徳性の概念の中の、正義に関わる領域を中心に扱っていることもつけ加えなくてはならない。

道徳に関わる心理学の研究を紹介することで、読者のみなさんが単純な「善い悪い」の枠組みに疑いをもち、我々がいかに不十分な知識しかもたず、そして偏った考え方をしてしまうのかについて気づくきっかけになることを望む。本書を通じて、人間とは何か、社会とは何かということを少しでも考えるヒントになるならば、これ以上望むべくもない。

目次

はじめに――道徳を科学するとは？ i

第1章 意図、それが問題だ……1
1 幼児の善悪判断 2
2 乳児の善悪判断 6
3 幼児が注目する情報 10
4 心の理論と善悪判断 14
5 意図のもつ不思議な力 20

第2章 はじめにルールありき……25
1 ルールとは？ 26
2 子どものルール理解 27
3 ルールを破ることができることの理解 35

4 なぜ我々はルールを守るのか 38
5 なぜ我々はルールを守らないのか 41

第3章 道徳の中心で公平を叫ぶ ……… 49

1 罪と罰に対する公平 51
2 制　裁 54
3 許し ―― 子どもは許しを理解するのか 60
4 公平な分配 64

第4章 感情、このやっかいなもの ……… 71

1 基本的感情と道徳的感情 72
2 共感と同情 76
3 恥と罪悪感 81
4 嫌　悪 85
5 感　謝 88
6 感情の理解を支えるコミュニケーション 89

目　次

第5章　仲間意識の檻の中……93

1　助け合いの志向性　94
2　区別をする傾向性とカテゴリー分け　97
3　偏見と仲間意識　98
4　排除と仲間意識　102
5　偏見と排除のデメリット　108
6　異論への寛容性　111
7　教育の可能性　114

第6章　権利権利で夜も眠れず……117

1　身近な人間関係を超えた社会とは　118
2　社会認識の難しさ　122
3　権利の理解　123
4　思い込み理論　134
5　教育の可能性　137

第7章　縦の糸は時間、横の糸は文化……141
1　なぜ発達するのか　142
2　どのように発達するのか　145
3　道徳性の発達　148
4　道徳性の文化差　154
おわりに　166
主要引用文献　171
事項索引・人名索引　182

各章冒頭のエピグラムはシェイクスピアの各作品（小田島雄志訳、白水社刊）より、許諾を得て掲載した。

イラスト：オカダケイコ

第1章　意図、それが問題だ

いいも悪いも本人の考え次第。
――『ハムレット』第二幕第二場より

まず取り扱うのは善悪だ。道徳性といえば、「善いか」「悪いか」、ここを避けて通ることはできない。実際、親や教師は子どもに善悪の意識を身につけさせたいと思うものだ。裁判では、罪があるのかどうか、どれくらいの罰が与えられるべきなのかをジャッジする。このように、善し悪しを考えることを、本書では善悪判断と呼ぶ。善悪判断は、人間の道徳性の一つの側面である。

善悪というのははじめから決まっているわけではない。我々が何を善いと考え、何を悪いと考えるのかに、数学のような正解はない。では、我々は、どんなときに、あるいはどんな条件のときに、「善い」または「悪い」と考えるのか。また、これは子どもと大人で違うのだろうか。

本章では、動機や意図、信念といった、行為の裏側にある（と想定される）心の状態に注目して、善悪判断のメカニズムに迫る。なお、動機と意図は厳密には異なる概念であるが、本章では細かい区別をせずに用いることとする。まず乳児を含めて子どもの善悪判断の特徴を紹介する。読者のみなさんは、子どもが子どもなりに理論をもって善悪を判断していることや、乳児が高度な認識能力を有していることに驚くかもしれない。同時に、合理的に判断しているように見える大人が、意外にそうでもないこともまた事実なのだ。

1　幼児の善悪判断

行動の背後にあるもの

『刑事コロンボ』というアメリカのテレビドラマ・シリーズがある。ヨレヨレのトレンチコートを着た特徴的な容貌でおなじみの刑事コロンボは、誰も気づかないような証拠から犯人を暴く。シリーズが長期化して最近のものは多少構成が変わっているようだが、初期のシリーズは基本的に犯人が殺人を実行するところから始まる。いわゆる「倒叙」ものである。つまり、通常のミステリーとは異なり、視聴者からすると、コロンボが完全犯罪に見える事件のトリックを崩すところに物語の醍醐味があるのだ。

殺人の方法も多様だが、その目的もさまざまだ。「死者の身代金」の犯人は、夫を殺害して偽装誘拐に仕立て上げ、信託基金からお金をせしめようとまでした。名声と欲のために複数の犠牲者を出したシリーズ中、一、二を争う極悪人は「溶ける糸」に出てくる。多くは冷酷な犯人の悪事が暴かれることで爽快感を味わえるストーリーとなっている。

しかし、同情に値するような動機をもつ犯人が描かれることもある。たとえば、「白鳥の歌」の、妻を殺害したカントリー歌手は、妻の信仰する宗教団体にコンサートの収益金を全額寄付させられていた。「死者のメッセージ」のミステリー作家は、最愛の姪がその夫に殺害されたと信じ、復讐する。視聴者は、犯人の逮捕に複雑な感情を抱くことになる。

なぜこのように犯人にまったく同情しないこともあれば複雑な気持ちになることもあるかというと、動機が違うからだ。たとえ同じ「殺人」だとしても、仕方ない、かわいそう、と思える動機からの犯行の場合、単純に犯人が悪いと考えることを躊躇してしまう。

善いことをするときも同様である。たとえば、電車で他の乗客に席をゆずること一つとってみても、思いやりの気持ちをもって席をゆずることと、先生にほめられるからする、というのでは受ける印象はずいぶん違うだろう。つまり、「なぜそのようなことをしたのか」という行為者のもつ動機は、我々が何かを判断するとき最も重要な情報の一つなのである。

ピアジェの善悪判断の実験

では、子どもは善悪判断のときに動機を重視するのだろうか。スイスの発達心理学者のピアジェ（Jean Piaget）は、一九三二年に出版した『児童道徳判断の発達』の中で、次のような例話を紹介している（以下は、オリジナルのストーリーを要約したものである）。

Ａ：ジャンという男の子がお部屋の中にいました。食事に呼ばれたので食堂へ入っていきます。ところが扉の後ろにイスがあり、そのイスの上にお盆が置いてあり、お盆にはコップが一五個のせてありました。ジャンはその扉の後ろにそんなものがあるとは知らないで、扉をあけましたので、扉がイスにあたり、コップは一五個ともみんな壊れてしまいました。

Ｂ：アンリという男の子がいました。ある日、お母さんの留守の間に戸棚の中のジャムを食べようとしました。そこでイスの上にのって手を伸ばしましたがジャムは高すぎて手が届きません。取ろうとしていろいろやっているうちに、手が一つのコップにふれて、コップは落ちて割れてしまいました。

どちらの子どものほうが悪いだろうか？　より叱られても仕方ないだろうか？

おそらく大部分の大人は、後者の子どもがより悪いと考えるのではないだろか。しかし、一般に六歳以前の子どもは、たくさんコップを割ってしまった前者の子ども、つまりより悪い結果になった場合に、より叱られると考えるのだ。

たとえば、物理的な結果に基づいて善悪を判断する子どもは、このように答える。

ジェオ「コップを一五も割ったんだからはじめの子のほうが悪い。（もし君がお父さんだったら、どちらのほうを余計叱る？）コップを一五個割ったほう」

一方、どのような動機だったのかを重視する子どもは、たとえばこのように答える。

モル「二番目のジャムを取ろうとした子が悪い。たずねないで何かを取ろうとしたから。（その子はジャムを取った？）ううん（それでも悪い？）うん。（それでは一番目の子は？）それはその子の落ち度ではなかった。わざとしたんじゃなかった」

——以上『児童道徳判断の発達』より

これらの結果から、ピアジェは、より幼い子どもは、過失に対する責任を行為の物理的結果に基づいて判断すると考えた。そして、成長とともに子ども同士の対等な関係性の経験の中から、意図を視野に入れた判断をするようになると考えた。

ピアジェの理論は、現在すべてが正しいとは必ずしも考えられてはいない。その後の多くの研究から、幼児の認識はそう単純なものでもないことがわかってきた。そうした研究についてこれから見ていくが、その前に、より幼い時期にさかのぼり、人間がいつ頃から意図を理解するのか、そして善悪を理解するのかについて、見てみよう。

2 乳児の善悪判断

乳児の研究方法

心理学は、実験、観察、面接などを行ってデータを集めて証拠を示すという、実証的な学問である。データには、もちろん行動の観察も含まれるが、アンケートやインタビューなど、言葉を使ったやりとりによって集めることが多い。言葉は、人が何を考えているのかを直接調べることができる、最も有効なツールである。

そこで問題になるのが、言葉を話せない赤ちゃんの心を調べる方法である。赤ちゃん自身は自分の意識を語ってはくれない。また、自分が赤ちゃんだったときにどう感じていたかを正確に思い出せる人もいない。一九世紀の哲学者のウィリアム・ジェームズ（William James）が赤ちゃんの心を「がやがやとした混沌」と表現し、何もできない存在だと考えたのも、そもそも赤ちゃんの心の様子を調べる方法がなかったからといってもよい。しかし、二〇世紀半ば以降、赤ちゃんの心理を調べる方法が開発され、赤ちゃんの心の発達が推測可能になってきた。

心理学は、通常、なされる行動からさかのぼって心の仕組みを説明する。たとえば、文章がつくれるなら文法がわかっている、計算ができるなら計算方法がわかっている、というように考える。赤ちゃんも同様である。二つのもののうち、片方に注意を向けているのならば、片方に興味があること、そして二つのものを「区別している」と推測できる。何かに「飽きてしまった」あと、赤ちゃんの注意が釘づけになるものがあるとしたら、それは前と違うもの、新しいものだと赤ちゃんが認識していると推測可能である。

そこで、赤ちゃんが新規なものへ注目する性質をうまく利用することで、心の仕組みを探ることが可能になる。その結果、近年では、生後数カ月の時期から、単純な足し算と引き算や、ものが隠れて見えなくなっても存在し続けるというようなことを理解している、という証拠が得られている。

赤ちゃんの認識する善悪

では、善悪の認識はいつから生まれるのだろうか。ハムリン（J. Kiley Hamlin）たちの研究グループは、生後六カ月程度の赤ちゃんが、物体の動きからポジティブな行動とネガティブな行動を区別していることを示した。

赤ちゃんに、主人公のマルが一生懸命に坂を登ろうとしては失敗して滑り落ちてしまう動きを見せる。その後、援助者のサンカクと妨害者のシカクの動きを見せる。援助者のサンカクはマルが坂を登ろうとするのを押すようにして助ける。妨害者のシカクは登ろうとするマルを落とそう

とするかのように妨害するのである。その後、赤ちゃんにサンカクとシカクのうちどちらかを選ばせると、援助というポジティブな動きをしたサンカクを選ぶのである。

同じ研究グループは、幾何学図形だけではなく、動物のぬいぐるみを使って検討している。たとえば、主人公のぬいぐるみが箱のふたを開けようとしているときに、別のぬいぐるみAが箱を一緒に開けようと助けるシーンと、別のぬいぐるみBが箱のふたに乗って開けるのを邪魔するというシーンを見せる。その後、援助をしたぬいぐるみ（A）と妨害をしたぬいぐるみ（B）を見せたところ、赤ちゃんは援助をするぬいぐるみのほうを選ぶという。

これらの一連の研究からハムリンらは、生後一年以内の赤ちゃんが向社会的行動（他者を助けるなど、他者のためになる行動）と反社会的行動に対して評価を行っていると主張している。どうやら道徳性の発達の基盤は，すでに乳児の頃から備わっているようだ。

赤ちゃんの理解する意図

では，人間の意図というものを，赤ちゃんは理解しているのだろうか。この答えは，メルツォフ（Andrew N. Meltzoff）の巧妙な実験の中にある。メルツォフは，刺激材料として，ダンベル（小さな立方体二つをプラスチックの棒でつないであり，両方の立方体を左右にひっぱるとそれが外れる仕組みのもの）を用いた実験を行った。乳児は二つの群に分けられ，片方の群では，人がモデルとなって立方体を引っ張って外そうとするが手を滑らせて失敗する行為を見せられ，もう片方の群では，同じ行為を機械がモデルとなって行うものを見せられた。どちらも，立方体は外れないままであった。赤ちゃんにダンベルを渡すとどうするだろうか。結果は，モデルが人か機械かによってはっきりと異なった。モデルが人の場合，赤ちゃんは「手を滑らせる」のをまねるのではなく，立方体を外した。機械の場合は，外さなかった。つまり，「立方体を外そうとしている」という人の意図を赤ちゃんが読み取ったということ，そして機械には意図が（心が）ないと赤ちゃんが考えているということが，示唆されるのである。

こうした乳児の有能性を証明する実験は，枚挙にいとまがない。どうやら，人間はかなり幼い時期から善悪などの道徳性や意図の理解の萌芽が見られ，直感的に判断することは確かなことのようである。

3 幼児が注目する情報

幼児は意図に注目できるのか？

乳児ですらも動機や意図を理解し、善悪に敏感であるのだとすると、なぜピアジェの課題で子どもが動機や意図に注目しないのか不思議に思えるだろう。じつは、その後多くの追試が行われ、幼児は必ず結果に注目するのだという単純な結論でもないことがわかってきた。

ある研究では、意図（よい、悪い）と被害（大、小）を組み合わせた例話をそれぞれ比較させ、子どもにどちらがより悪いかを尋ねている。たとえば、次のような例話である。

意図善・結果大：秋子さんは、お父さんのインクびんのふたがしていないのを見つけて、ふたをしめてあげようと思いました。けれどもふたがうまくしめられなくて、うっかりしてびんを倒してしまい机の上の布に大きなしみを作ってしまいました。

意図善・結果小：次郎君は、先生が授業後教室で本箱にペンキをぬっているのを見て、お手伝いをしようと思いました。ところがお手伝いをしている途中に手がすべって、床にペンキを少しこぼしてしまいました。

意図悪・結果大：太郎君は、みんなが工作の後片付けをしていた時、後片付けをしないで友だちとふざけて遊んでいました。そのうちに太郎君の肘が机にあたったので、机の上にあった花びんが倒れて割れてしまいました。

意図悪・結果小：春子さんは、お父さんが留守の時、さわってはいけないと言われているインクで絵をかこうと思いました。絵は上手にできましたが、インクのしずくを落として机の上の布に小さなしみを作ってしまいました。

その結果、子どもの反応は、個人差はもちろんあるものの、多くの子どもに共通して見られる、次のような発達の段階に分かれることがわかった。

段階1：意図をまったく考慮しないで善悪判断をする

段階2：被害の大きさが同じ場合にはじめて意図を考慮する

段階3：意図が同じであれば被害を考慮する

段階4：意図のみに基づいて判断する

日本の子どもを対象とした実験では、四歳児のほとんどが段階1または段階2に属するようだ。

そして年齢が高くなるにつれて、段階3、段階4の判断が増える。

その他に、漫画でよく使われるような、吹き出しで意図をわかりやすく示して幼児の善悪判断を調べた研究によると、吹き出しがある場合は、四歳児でも意図を考慮した善悪判断ができることがわかった。

このように、実験の方法や例話を工夫すれば、幼児でも意図に注目して善悪を判断できるということだ。幼児でも、被害がそれほど深刻ではない場合や被害の大きさが同じ場合の比較ならば、意図を重視した善悪判断ができるのだ。

なぜ幼児が意図に注目できないのか

しかし、なぜそこまでしないと、幼児は意図に注目しないのだろうか。どうやら、いわゆる悪いことについて子どもが判断をするときは、少し特殊な状況になってしまうらしい。

ある研究では、行為者が「相手に受け取ってもらいたい」というようなニュートラルな意図(悪意のない状態)でボールを投げる場合と「相手にぶつけたい」というような悪い意図をもってボールを投げる場合を比較している。その結果、幼児は、相手に受け取ってもらいたいと思ってボールを投げて受け取ってもらえたとき、行為者の満足度が高いと判断した。しかし、相手にぶつけたいというように、行為者が悪意をもってボールを投げる場合、その通りに相手にボールがぶつかっても、幼児は、行為者の満足度は低いと考えた。

なぜこのような結果になるかというと、幼児には意図と結果を統合することが難しいからだと考えられる。幼児にとって他者の意図はニュートラルまたは「よい」のが「普通」であり、この場合は、結果の良し悪しや被害の大小のみに注目して善悪判断をすればよいことになる。しかし、行為者の意図が悪い場合は、「悪い意図」と「結果」の情報の両方を考慮、統合して判断しなくてはならず、認知的負荷が高かったのだと考えられる。

以上からわかることは、幼児は意図や動機というものを、個別には理解しているが、いろいろな情報が含まれる具体的な文脈の中では、すべての情報を考慮して判断することが難しいということだ。「保留事項を頭の中にいっぱいにしなくてよい」課題にしたら、幼児でも大人と同じような反応になるというようにイメージしてもよいかもしれない。つまり、善悪判断に年齢差が見られる理由の一つは、文脈の中にある情報をどのように選択して、あるいはどの材料に注目して善悪判断をするのかという認知的な能力に年齢差があるからだといえる。

これらの意図や動機は、心理学の中では「心の理論」の枠組みで検討されてきた。次節ではさらにくわしく、善悪判断に関わる心の状態について見ていこう。

4 心の理論と善悪判断

心の理論とは？

『名探偵コナン』という漫画は、体が小さくなってしまう毒薬を飲んでしまった青年・新一が、小学生のふりをして「江戸川コナン」と名乗り、怪事件を次々と解決する物語であり、アニメ化もされている。読者は、コナンが本当は青年であることを知っている。また読者は、登場人物の一部（たとえば灰原という少女や阿笠博士）はその事実を知っており、新一の恋人の蘭は知らない、ということを知っている。もし蘭がコナンを大人扱いすると、「蘭はコナンが新一だと知らないはずなのに、大人扱いするのはおかしい」と論理的に考える前に、直感的におかしいと思うだろう。

意図や知識などの心の状態は直接には見えないが、人は、誰が何を知っているのか、何を意図しているのかという情報を無意識的に利用して他者の行動を予測する。予測と実際の行動が整合していないと違和感を覚える。このような働きは心の理論とよばれる。

心の理論とは、他者の行動からその背後にある心的状態を推測し、その次の行動を予測するために私たちに備わっている理論である。我々の日常生活は、自分にも他者にも心があると想定す

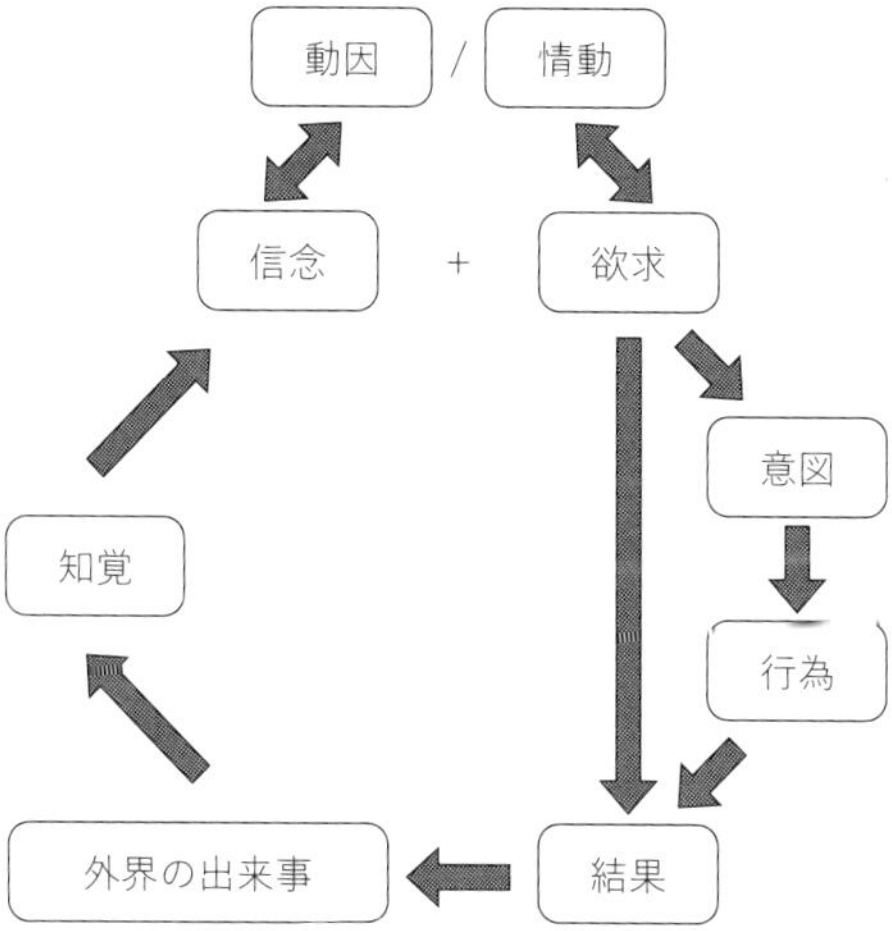

図 1-1　心の理論

（出典）アスティントン，J. W.（松村暢隆訳）(1995).『子供はどのように心を発見するか ― 心の理論の発達心理学』新曜社

ることで成り立っている。心そのものは、見たり触れたりできないので、私たちは推測するしかない。大人になっても「他者の心なんてわからない」と思う人も多いと思うが、ここでいう心的状態とは、知識、意図、欲求、信念からなる心の仕組みを指す（図1－1）。具体的な「信念」の中身を読み取るという読心術のようなことを意味しているわけではない。なお、信念というと、何か強い思い込みのことを表す用語のように感じるかもしれないが、発達心理学では「思っている」という意味である。

では、どのような課題を用いれば、ある人が心の理論を身につけていることがわかるのだろうか。じつは、自分とは異なる信念をもつ他者の心の状態を理解できているかどうかで、そのことがわかる。「自分とは異なる信念をもつ他者」というのがミソである。自分も他者も「同じ信念をもっている」場合、本当に他者の心の状態を理解しているのかどうかはわからないからである。

心の理論を調べる方法

心の理論の理解を調べるための標準的な「誤信念課題」の一つは、「サリー・アン課題」である。この課題は、ある人物のおかれた状況から、その人物が事実と食い違う信念（誤信念）をもっていることを理解できるか、ということを調べるものである。

サリーはおやつのパンを自分のバスケットの中に入れました。そして部屋を出ていきました。それを見ていたアンはサリーのバスケットの中からパンを取り出して自分の箱の中に入れました。そしてアンは部屋を出ていきました。サリーは部屋に戻ってきました。サリーは自分のバスケットとアンの箱のどちらからパンを取り出そうとするでしょうか？

たろう「アンの箱だよ。だって、パンはアンの箱に入っているよ」
じろう「サリーのバスケットだよ。だって、サリーは、パンが箱の中に入っているのを知らないのでしょう？」

当然正答はじろうの答え、「サリーのバスケット」である。しかし、多くの三歳児は「アンの箱」と答え、四歳以降に徐々に「サリーのバスケット」と答える率が高まる。他者には心（意図）があると認識することは、そんなに簡単なことではないのである。なお、誤信念課題には、この他に、だまし箱課題（スマーティー課題：お菓子の箱の中に、実際は鉛筆が入っているのを子どもに確認させたあとに、それを知らない人に見せて中に何が入っているかを尋ねたとき、その人が「お菓子」と答えることがわかるかどうか）などもある。

心の理論と善悪判断の関係

興味深いことに、心の理論を理解することと善悪判断は単純に対応するわけではない。誤信念課題の道徳バージョンと通常の誤信念課題（標準的誤信念課題）を比較したキーレン（Melanie Killen）の研究を見てみよう。研究では、次のような二種類の例話が用いられた。

道徳的誤信念課題：Aさんは教室の掃除中にBさんが紙袋に入れて机の上に置いておいたケーキをゴミ箱に捨ててしまった。

標準的誤信念課題：Cさんは空のクレヨンの箱の中にクラッカーを入れた。

幼児と小学生を対象に、道徳的誤信念課題では「Aさんは紙袋の中に何が入っていると思ったか」、標準的誤信念課題では「外で遊んでいた子は箱の中に何が入っていると思うか」という質問をした。その結果、二つの誤信念課題に正答するかは関連があるものの、道徳的誤信念課題のほうが、標準的誤信念課題よりも難しいようだ。道徳的誤信念課題のほうは、道徳的な事柄に目がいってしまい、純粋に誤信念の問題について考えることが難しくなるのかもしれない。

日本の子どもに対して行われた研究もある。行為者の誤信念は同じであるが、その結果がネガティブ、ポジティブ、ニュートラルになる、というものである。例話を見てみよう。

ストーリー（おやつ場面）：AはBに出すおやつをつくっていた。お母さんに仕上げに砂糖をかけるように言われ、砂糖のビンと似ている塩のビンを手に取りそれをおやつにかけてしまった。Bが家に来ておやつを食べた。

ネガティブな結果：Bはしょっぱくて気分が悪くなってしまった。

ポジティブな結果：Bは「塩味があっていておいしい」とおやつを喜んで食べた。

ニュートラルな結果：Bは塩がかかっていることに気づかずにおやつを食べた。

そして、次のような課題を出した。

道徳的誤信念課題：Aはビンを手に取ったとき、中に何が入っていると思っていたのか？

善悪判断課題：このときAは良い子か、悪い子か？
心の理論課題（標準的誤信念課題）：だまし箱課題（中にハサミが入っているのを知らない人が、クレヨン箱に何が入っていると答えるか）

その結果、ネガティブおよびニュートラルな結果をもたらすストーリーの道徳的誤信念課題は、心の理論課題よりも正答率が低かった。また、善悪判断課題は、たとえ「Aは塩ではなく砂糖をおやつにかけたと思っていた」というように、子どもがAの誤信念を理解していたとしても、結果がネガティブであるかポジティブであるかが、Aが良い子であるかどうかの判断に影響した。結果がポジティブであればAはより良い子と判断された。このように、キーレンらの結果と同様に、道徳的な要素は認知的な判断の正答率を下げる効果をもつのかもしれない。

道徳的要素のない内容の誤信念（標準的誤信念）より、道徳的な内容の含まれた誤信念（道徳的誤信念）のほうが理解が難しいとなると、子どもの心的状態の理解がまず発達し、それがその後の道徳的理解につながるように見える。実際、大部分の研究はそのような想定に基づく。しかし、実際はどうだろうか？

心の理論と善悪判断の相互作用

じつは、この問いの結論は出ていない。心の理論の発達が道徳判断の基礎となると考える研究者もいるし、相互に関係するという立場もある。

相互作用説をとるスメタナ（Judith Smetana）らは、2歳から4歳を対象に、標準的誤信念課題と道徳判断の関連について縦断的な調査を行った。多くの研究は横断的、つまり、同じ時期に異なる年齢の異なる子どもたちを対象に調査をして年齢により比較するという手法をとっている。この場合、相関関係を示すことはできるが、因果関係を明らかにすることは困難である（一方、同じ子どもたちを追跡調査する縦断的な研究では、原因と結果が特定できる）。この調査の結果、善悪が大人や親などの権威者と独立して存在すると考えていることや、道徳的逸脱をよくないものととらえるなど、より洗練された道徳判断をする子どもほど、その後に調べられた心の理論の理解が高かった。と同時に、心の理論を理解することが、その後の道徳判断にも影響していた。

道徳性が心の理論に影響するのか、その逆なのか、あるいは双方向の関係をもつのか。結論は出ていない。しかしながら、両者が密接な関係をもつこと、これだけは事実のようだ。

5 意図のもつ不思議な力

このように、幼い子どもにとって、善悪判断の際に意図や動機を考慮することはなかなか難しいことがわかった。では大人はどうだろうか。やすやすと意図を考慮して、何が悪くて何が良いのかを判断できているのだろうか。
次の二つの文章を読んでほしい。

A：ある会社で、副社長が社長に「この事業を開始すれば、わが社の利益になるでしょうが、環境を破壊することにもなるでしょう」と言いました。社長は、「環境のことはどうでもいい。わが社の利益になるならば、事業を始めなさい」と言いました。その結果、会社は利益をあげ、環境破壊が起こりました。

B：ある会社で、副社長が社長に「この事業を開始すれば、わが社の利益になるでしょうが、環境を保全することにもなるでしょう」と言いました。社長は、「環境のことはどうでもいい。わが社の利益になるならば、事業を始めなさい」と言いました。その結果、会社は利益をあげ、環境が保全されました。

Aの社長は、意図的に環境破壊をしたのでしょうか？
（　）社長は、意図的に環境破壊をした
（　）社長は、意図的に環境破壊をしたわけではない
Bの社長は、意図的に環境を保全したのでしょうか？
（　）社長は、意図的に環境を保全した

（　）社長は、意図的に環境を保全したわけではない

その結果、AもBも同じように「環境のことはどうでもいい」と言っているのにもかかわらず、Aの場合は「社長は、意図的に環境破壊をした」、Bの場合は「社長は、意図的に環境を保全したわけではない」が選ばれる確率が高いという。

これはノーブ効果、または副作用効果とよばれる現象である。意図を考慮して道徳判断をするのではなく、生じた結果の善し悪しが、主体が意図をもつかどうかの判断に影響する、ということを示す。

ノーブ効果の存在は、さまざまな実験材料が用いられ、また、複数の文化圏でも実施されて確認されており、ある程度信憑性のある現象であると考えられている。ノーブ効果の原因の一つとして、道徳的にネガティブな結果が生じる場合、何らかの情動がわき起こり、その情動が認知的な判断を妨げるという解釈もある。いずれにせよ、たとえ大人であっても、きちんと意図を考慮して、合理的に善悪の判断を行っているとは、いえないのかもしれない。

本章のまとめ

この章では善悪の判断について、動機や意図の認識との関連から見てきた。まず、いわゆ

る道徳的センスは、発達のごく初期から存在するらしい。乳児の研究結果の解釈は慎重に行うべきであるが、その内容や程度はともかく、我々は道徳的な存在として生まれる。人間は、特定の情報を容易に学習できるように生まれるが、その中の一つに、善悪に関わる情報も入るのかもしれない。

乳児の驚くほどの有能さから比べると、幼児の判断はたいそう未熟に感じられる。もちろん、幼児期以降に求められる道徳判断の課題が、乳児期で用いられる、行動を区別するという単純な課題と比較して難しいという点を考慮する必要がある。しかし、重要なことは、成長とともに、善悪判断において物理的な結果よりも、動機や意図といった「心」に注目できるようになるという変化である。

目に見えない意図や動機は、個人がもつと想定されているものである。しかし、道徳性は、「目に見えない」もっと大きなものに規定されている。その見えないものとは、社会全体に張り巡らされる、ルールである。

第2章　はじめにルールありき

なんでも慣例に従ってやらねばならぬというのか？
――『コリオレーナス』第二幕第三場より

はじめて訪れる場所でどのように振る舞うのか考えてみよう。たとえば、英会話教室でも自己啓発教室でも何でもよいが、何かのセミナーに参加することになり、はじめて教室に入るということを想像してみよう。荷物は「普通」どこに置くのか。授業中質問しても良いのだろうか。ドリンクを飲みながら受講しても良いのだろうか。

これらはルールだ。受講案内に書かれていることもあるだろうが、書かれていない暗黙のルールもある。暗黙のルールは、他の受講生の行動を観察することでわかるものだ。あるいは、つくられるものだ。注意事項に「飲食禁止」と書かれてあっても、多くの受講生がドリンクを飲み始め、講師も特に注意をしない場合、飲み物は飲んでもかまわないという教室規範ができあがる、というように。

かように、我々の住む世界はルールに満ちあふれている。そしてルールもまた道徳と密接に関わっている。この章ではルールについて考えてみよう。我々はなぜルールを守ろうとするのだろうか。そして、そもそもなぜルールがあるのだろうか？

1　ルールとは？

『冷たい方程式』というSF小説の佳編は、燃料も酸素も最小限しか積み込まれていない宇宙船に乗り込んでしまった密航者の少女の話だ。少女の事情に共感しつつも、宇宙船の速度、燃料、所要時間、重量という物理法則に逆らえないパイロットの苦悩が描かれている。このように、物理法則は我々の意思によって破ることはできない。ただし、異世界を描く小説や映画では、「魔法」や「新しい物理法則」によって、現実の常識をやすやすと覆すことができることもある。SFやファンタジー小説は、それぞれ独特のルールを有する世界を描くことが多い。その世界が精緻に構築されているほど、読者はまるでその世界に生き、そこにいるような気持ちになるだろう。

我々の生きる現実世界も、物理的なルールや社会的なルールが張り巡らされている。そして多くの場合、ルールだということも気づかずに従っている。法律や校則で定められたルールもあるだろう。しかし、特に何かに書かれているわけではないのに、自然と守っている、守らなくてはならないと思っているルールは無数にある。もちろん、自然法則のような物理的なルールとは異なり、社会的なルールは、破ることも可能であるし、実際守らない人もいる。守らないことで凶悪なことが生じた場合大事件となり、マスメディアが大々的に報道するということもあるだろう。しかし、ルールは、我々が守らなくてはならないと思い、そして守っているときにこそ、ルールであるのだ。では、我々はこの社会的ルールというものを、どのように理解しているのだろうか。

2　子どものルール理解

ピアジェのルール理解の研究

子どものルール理解をはじめて調べた研究者は、第1章でも登場したピアジェであった。ピアジェによると、すべての道徳は規則（ルール）の体系から成り立っており、道徳の本質は人がルールをどのように尊重するのか、ルールをどのように理解するのか、ということにあるという。この意見に賛同するかどうかはともかく、ルールが道徳の一側面であることは間違いない。

さて、ピアジェが注目したのは、子どものゲーム遊びであった。子どものゲームの中には当然ルールがある。ピアジェが扱ったのはマーブル・ゲームという遊びであるが、本を読む限り、かなり厳密なルールがあるようだ。ピアジェは著作の中で「マーブル・ゲームの歴史は、宗教の歴史や政治の変遷にも比すべき重要さを十分に有する」とまで述べている。彼は、マーブル・ゲームで遊ぶ子どもたちの様子を観察し、さらにゲームについて質問をし、ルールの理解について次のような発達段階を想定した。

まず、最初の段階では、子どもはルールに社会的な意味があるとは考えない。ルールとは同じ行為を反復することでしかない。マーブル・ゲームでいえば、マーブルを動かすという行為を繰り返すだけの段階である。

次の段階の子どもは、自己中心的な行動をする。ゲームの勝ち負けを意識しないので、他の子どもたちと一緒に遊んでいるようでいて、じつは自分一人で遊んでいるような状態である。

さらに次の段階は「協同」である。この段階になると、子どもはゲームの勝ち負けを意識し、それがゆえにゲームのルールに関心をもつようになる。

最後の段階になると、子どもたちはルールがどのように決定されるのかという、手続きにまで注目するようになるという。

このように、ルールそれ自体がわからない段階から、自分勝手に行動するようになり、最後は協同作業が可能になるというのは、なるほど説得力のある成長過程だ。

ではなぜこのように変化するのだろうか？　ピアジェによると、その理由の一つは子どもたちを取り巻く人間関係の変化にあるという。

幼い子どもにとって、親や教師といった大人は、絶対的で間違いのない存在に思えてしまう。したがって、大人と子どもの関係は平等なものではない。大人が決めるルールは変更できない、絶対的なものと考えてしまう。しかしながら、その後、小学校に入るくらいの年齢になると、だんだん仲間関係が重要になってくる。仲間関係は、大人と子どもの関係に比べると、平等な関係である。お互いに決めたルールを、話し合いによって変更することもできる。この人間関係の変化が、ルール理解に関係するという。

だが少し考えてみよう。マーブル・ゲーム遊びで道徳性の発達を考えることに違和感はないだろうか？　マーブル・ゲームはしょせん遊びである。ルールにはもっと多様な種類があるのではないだろうか？

ルールの区別

一口にルールといっても、泥棒をしてはいけないという法で罰せられるようなルール、「土曜日はカレーを食べる」というような家庭の中のルールなど、さまざまな種類がある。ピアジェが注目したマーブル・ゲームは、遊びの中で適用されるゲームである。ピアジェが見出した結果は、あらゆるルールにもあてはまるのだろうか？

ある研究では、幼児に対して、人を叩くというような典型的な道徳的問題と、特定の場所でのみ適用されるローカルルールの一種類について質問している。

「ジョンが彼をひどくぶったの」

「それはやっていいことだと思う?」

「あんなにひどくぶつのはよくないわ」

「そういう決まりがあるのかな?」

「そうよ」

「どういう決まり?」

「人をひどくぶってはいけません」

「もしそういう決まりがないとしたら、人をぶってもかまわない?」

「だめです」

「どうして?」

「だって、ぶたれた人はけがをするでしょう。それにきっと泣き出します」

「彼らは騒いでいました」

「それはやっていいことだと思う?」

「やってはいけないことです」

「そういう決まりがあるのかな?」

「そうよ。静かにしていなくてはいけないのよ」

「もしそういう決まりがないとしたら、騒いでもいいかな？」

「いいです」

「どうして？」

「だって、決まりがないのだから」


このようなやりとりが五歳くらいの幼児によってなされているというのだから驚きだ。この一連の研究は、チュリエル（Elliot Turiel）らが提唱する社会的領域理論という理論の枠組みで行われている。この理論では、道徳ルールと慣習ルールは質的に異なると考え、次のように想定する。道徳ルールとは、文化や社会を超えて悪いものは悪いというように、善悪が文脈に左右されないと人々が考えるルールである。その悪さの根拠も、権威者や法律によるのではなく、それによって他者の福祉が脅かされるというような、行為それ自体に悪さがあるようなルールである。また、基本的に変更不可能と考えられるようなルールである。それに対して慣習ルールとは、特定の文化や社会の中で設定されるローカルルールのことである。その善悪は、そのルールそれ自体があるか否かによって左右される。また、文化、社会の中で合意があれば、ルールの変更も可能である。ルールが存在する理由も、社会制度の維持や共同体の構築のためである。

さらに理解を深めるために、次のような場面を考えてみよう。冒頭でも紹介した、はじめて

「教室」に入る場面を想像してほしい。日本人読者が多いと思われるので、一般的な日本の教室を想定したうえで、次のような場合についてその是非を考えてみてほしい。

A：教室案内に「飲食禁止」と書いてあったが、他の教室では食べても良かったので、この教室でも食べてもよい。

B：教室案内に特に書かれていないので、気にくわない人がいたら悪口を言いふらしてもよい。

道徳ルールは、基本的にどの文化でも、規則があるなしにかかわらず、また権威者が許可するかどうかとは無関係に、守らなければならないルールである。学生がよく、「人を傷つけない、というのは〝人として〟守らなくてはならないことだ」と表現するが、道徳ルールの特徴をよく表している。上の例でいえばBがそれにあたる（Bは道徳ルールに反している）。

一方、慣習ルールは、特定の状況や社会の中でのみつくられ、守られる。したがって、上の例でいえばAがそれにあたる。飲食してもよいかどうかは、それぞれの教室によって異なるのである。

ピアジェが調べたマーブル・ゲームは慣習ルールに該当する。このルールは他のゲーム、たとえば野球やトランプなどには適用できないからである。したがって、ピアジェの想定したルール理解の発達を道徳ルールの理解にまで拡張すべきではないと考えられる。

道徳ルールと慣習ルールの区別について、事象関連電位（認知や思考を調べるために測定される脳の活動の一種）を用いた神経生理学的研究も行われている。ある研究では、道徳違反と慣習違反の条件間における事象関連電位ＥＲＰのＮ２成分の差異が計測された。その結果、慣習違反課題においては、道徳違反課題と比べ、Ｎ２成分の反応時間が遅く振幅が大きかった。一方、道徳違反課題においては、Ｎ２成分における反応時間はより早く振幅も小さかった。このように、道徳・慣習違反の処理・評価についての神経認知メカニズムが検討されつつある。

なぜ道徳と慣習を区別できるのか

多くの研究が蓄積され、五、六歳という幼い年齢の子どもでも道徳ルールと慣習ルールを区別できることがわかってきた。もちろん、使われる場面は、「お友達を叩いた」「幼稚園の制服を着る」など、幼児にとってなじみのある場面であり、大人が日々直面するような複雑なものではない。質問の仕方も「先生がいいといったら、してもよいですか」「他の幼稚園だったら、してもよいですか」というように、子どもが答えやすい内容になっている。とはいえ、子どもは道徳ルールと慣習ルールの本質的な差を理解しているようだ。それはなぜなのだろう。

最もありそうな答えは、それぞれのルールが問題になる場面が、根本的に異なるからというものだ。具体的に考えてみよう。

筆者は幸運にも、三年間にわたりある幼稚園を継続的に観察させてもらう機会を得た。三歳から五歳の子どもたちの成長の様子を見守り、教師と子どものやりとりを記録した。教室での子どもの道徳違反とルール破りは日常茶飯事だ。その中で、あることに気づいた。

たとえば、典型的な道徳違反である、けんかをしてお友達を叩いてしまったという場合。教師は長く時間をとって、加害者、被害者双方の状況を聞き出し、加害者の意図や、被害者の気持ちを共有させ、最終的には和解につなげるように働きかけていた。他の遊びをしていた子どもたちも、多くの場合遊びをやめるか、そうでなくても、明らかに聞き耳を立てて、成り行きを見守っていた。観察者の私が見ていても、教室が緊迫した雰囲気になっていた。

その一方、おもちゃを別の場所に入れてしまった、男子が女子トイレに入ってしまったという場合、教師は特に理由を説明しないで「違うよ」というだけのことも多かった。トイレを間違ってしまった子どもは、他の子どもたちにゲラゲラ笑われていた。

あるとき、子どもたちは遊戯室でクラスごとに並んですわるように言われた。子どもの一人が「どうしてこういうふうにすわるの?」と教師に聞いた。その教師は「とにかくそういう決まりだから。いまはそうしなさい」と答えた。たしかにそのような返事しかできないかもしれない。

以上は筆者の観察によるものだが、もちろん組織的な観察研究によって、道徳ルールと慣習ルールに関わるやりとり（大人やまわりの子どもたちがどのように反応するのか）が異なることが明らかにされている。また、さらに興味深いこととしては、年齢が上がり、特に中学生以上になってくると、慣習に関わる状況では、親や教師という「権威者」と青年が「交渉」をするようになるという。つまり、既存のルールを変更したい場合に話し合いをするのだ。しかし、このような「交渉」は道徳ルールに関しては見られないようだ。

筆者が講義で学生に問いかけてみた体験からも、道徳ルールと慣習ルールは、なるほど違うものだと納得する人は多いようだ。しかしその一方で、道徳ルールなのか慣習ルールなのか単純に二分割できない事柄も多い。

じつはこの社会的領域理論は、物事を道徳か慣習かというように分けることが重要だとは考えていない。本来、物事は道徳なのか慣習なのかはっきり決まらないのだから、さまざまな問題について、文化を超えた普遍的な問題なのか、それとも社会の斉一性を保つための個別的な問題なのかを考えることこそが、道徳的な発達を導くのだと考えられている。

3 ルールを破ることができることの理解

ルールを破るということに関して、趣きを変えて、ロボットの話をしよう。SFファンにはおなじみの「ロボット三原則」は、SF作家のアイザック・アシモフの小説『われはロボット』の中に出てくる、ロボットにあらかじめ組み込まれた絶対に破ることができないルールである。ロボットは、この三原則に限っては「破ることができない」。そのようにつくられているからである。なお、興味深いことに、第一原則は、先述の典型的な道徳ルールであり、第二原則は多くの場合、慣習ルールに対応するだろう。

ロボット工学の三原則

第一条　ロボットは人間に危害を加えてはならない。また、その危険を看過することによって、人間に危害を及ぼしてはならない。

第二条　ロボットは人間にあたえられた命令に服従しなければならない。ただし、あたえられた命令が、第一条に反する場合は、この限りではない。

第三条　ロボットは、前掲第一条および第二条に反するおそれのないかぎり、自己をまもらなければならない。

——『ロボット工学ハンドブック』第五十六版、西暦二〇五八年

——『われはロボット』より

アシモフの小説に登場するロボットはこれらの原則を破ることができないが、人間は違う。道徳ルール、慣習ルールのいずれも、物理法則ではないゆえに破ることは可能である。命令に服従しないことが「可能である」。その一方で、物理的ルールという「冷たい方程式」は破ることができない。そして、大人は、そうしようと思えば破ることのできるルールと、破ることが不可能

なルールが存在する、ということを理解している（はずだ）。

なお、「破ることができる」と表現するのは、「社会的ルールを破ってもよい」という意味ではない。社会的ルールという、人によってつくられたルールは、「破ること（守らないこと）は可能である」という意味である。

では、子どもは、このような、ルールを「破ることが可能であるかどうか」を理解しているのであろうか。ある研究で「空を飛ぶ」というような物理的ルールと、「人を叩いてはいけない」のような道徳ルールについて、幼児に対して「しようと思ったらすることができるか」を聞いている。しかし、幼児には「すべきではない」という考えが強いために、幼児から「しようと思ったらルールを破ることができる」ということの理解を引き出すことが、方法論的に困難であった。もちろん、小学生以降は、社会的ルールを「破ることができる」ことを理解していた。

このように、社会的なルールは、守らないという意志があれば守らなくてもよいわけであるが（くどくなるが、「すべきである」と「するかどうか」は異なる意味であり、本書において道徳ルールを破ってもよいと主張しているわけではない）、それなら逆に、なぜ我々はルールを守るのだろうか。

4

なぜ我々はルールを守るのか

ルールの義務性の理解

子どもは大人からルールを教えられ、大人に怒られないようにするためにルールを守ると考える人は多い。たしかに、権威はルールを守る一要因ではある。しかしそれだけだろうか？

トマセロ（Michael Tomasello）たちのグループが行った実験では、三歳児の次のような様子が見られた。まず、子どもは一人遊び用のゲームの遊び方を教わった。そのあと、ぬいぐるみがやってきて、「僕もゲームがやりたい」というのだが、子どもが教わったのとは違うやり方で遊ぼうとする。すると、子どもはこれに対して意義を唱える。「そうするんじゃない」「こうやるんだよ」というように、教わった通りのルールをぬいぐるみに教えようとする。

これらの実験の意味するところはこうだ。わずか三歳の子どもでも、ルールの「義務性」、つまりルールは守らなくてはならないものであり、それは自分だけが守れば良いのではなく、みなが守らなくてはならないのだ、ということを理解している、ということなのだ。

ルールを守るべきであるということが権威に依存するのであれば、このように、他者にまでルールを守ることを強要するような行為は、説明できない。三歳という幼い子どもであっても、

「自分たちがルールを共有する」という感覚をもっていると考えていくしかない。

我々意識

イヌやサルなどの動物は、この「自分たちがルールを共有する」という感覚をもたないようだ。ここで問題にしたいのは、実際にルールを守るか破るかということではない。「ルールはみなが守るべきである」という感覚の共有の問題なのだ。

感覚や注意の共有は、人間に最も近いといわれる類人猿でさえも難しい。たとえば、人間が複数の入れ物の一つを指さすと、類人猿はその指先にある入れ物を見ることはできる。しかしながら、その中の一つに餌が入っていることを示すための指さしについては、指さしの意図を想定できず、複数の入れ物すべてを探すという。人間の子どもならば、一、二歳でもこの課題に成功する。類人猿は、食べ物同士の比較もできるし、簡単な言葉も使用できる。画像記憶は人間よりもはるかに優れている。しかし、感覚や注意を共有することは難しいのだ。

先ほどの実験のような、その場でつくられた遊びのルールという恣意的なルールであっても、子どもが他者にもルールを守らせようとするのは、感覚や注意の共有と関連する。さらに、トマセロは、その背後にはもっと大きな「わたしたち性」(we-ness) という「我々意識」ともいうべき志向性が人間に存在すると仮定する。私たちとは、私とあなたという数としての集合体ではない。「私は世界の中の一部であり、私とあなたは目的を共有している」という状態である。もち

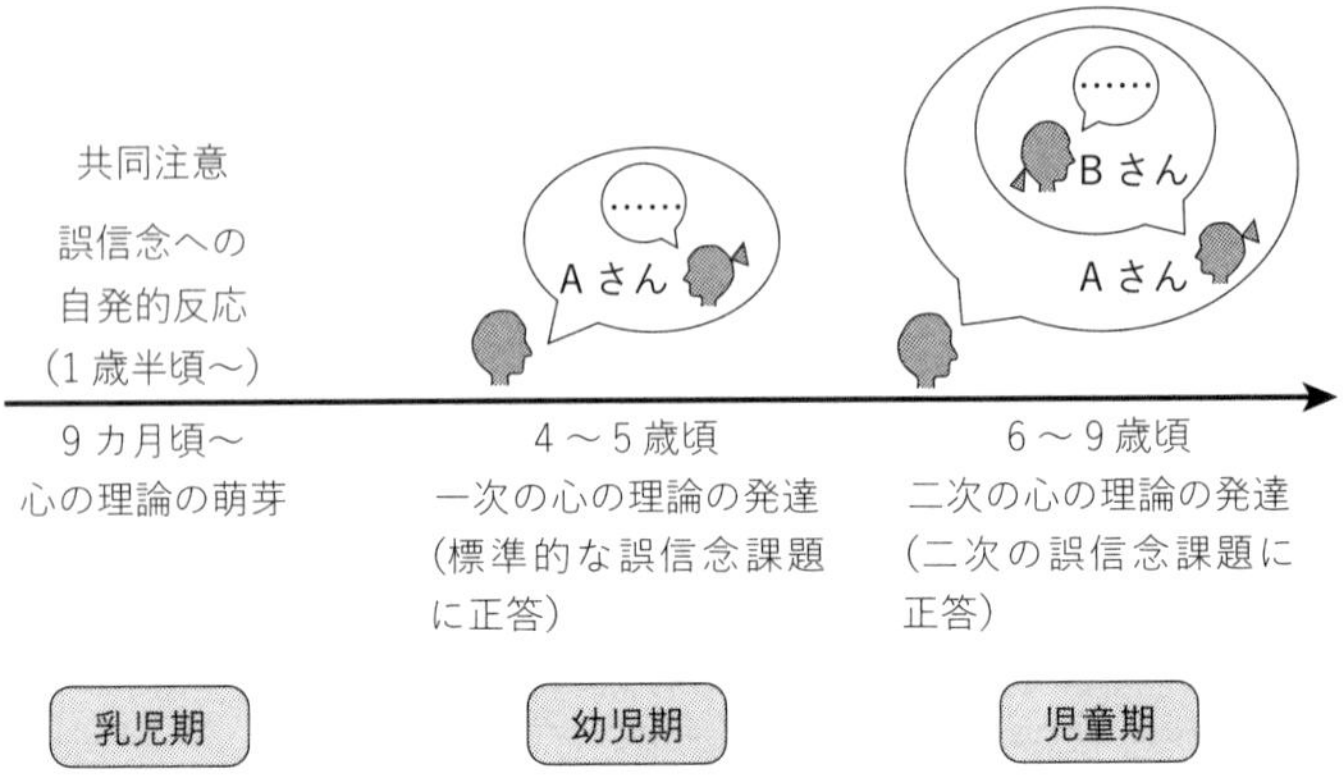

図2-1　心の理論の発達

（出典）　林創 (2016).『子どもの社会的な心の発達』金子書房

ろん、二、三歳の子どもがこのように複雑に考えているというわけではなく、直感的な志向性である。

しかし、ルールの理解は、ルールの共有の感覚では終わらない。厳密には、ルールを共有していると認識することは、第1章で紹介した心の理論の発展系である「二次の心の理論」が必要となる。心は「と思っている」「と思っていると思っている」「と思っていると思っていると思っている」というように、無限の入れ子状態が続くものである。ロシアのマトリョーシカ人形をイメージしてもらうとよいかもしれない。図2－1のように、子どもは成長とともに、複雑な入れ子状態の心の理論を理解できるようになっていく。なにせ、ルールには種類がある。ルールがどの程度まで、空間的、時間的に適用できるのかの範囲を見定めなくてはならない。私と友達だけの小さなルールなのか、人間全体に適用できるような普遍的なルールなのか？　ルールは共有される範囲において、意味をなすものであるから、理論的には、ルールの共有の認識には、誰がどこまでルールを知っているのかという理解が必要になり、そのためにはこの複雑な心の入れ子状態の理解が必要となる。

これは二、三歳児でもルールの義務性を理解できるということと矛盾しない。二、三歳児のもつルール共有の「感覚」から、その後、心の理論の発達とも関連しつつ、ルール理解は複雑に変化していくのである。

5　なぜ我々はルールを守らないのか

動物はルールを「共有」できないが、ルールを守ることはできる。たとえば、イヌを飼っている人ならば、こんなにもルールに忠実な動物はいないはずだと思うだろう。筆者もシェットランドシープドックを飼っているが、この利口な犬種は驚くほどルールに忠実だ。トイレは部屋の中の決まった場所でしかしないし、許可があるまで食事に手をつけない。筆者は愛犬にフードの入ったボウルを目の前においたものの、別の用があり「ＯＫ」という許可を与えずにいたことがある。かわいそうに彼女はよだれを流しながら懸命に許可を待っていた！　愛犬は、私とともにルールをつくり上げ、ルールを共有したのだろうか？　そんなことはない。決められたルールを頑なに守っているだけだろう。

それに対して人間の子どものほうが、よほど嘘つきで、決まりを守らない。リー（Kang Lee）の実験によると、魅力的なおもちゃを絶対に触ってはいけないと言い聞かされて、一人で部屋で待たされた幼児の多くは、こっそりそのおもちゃを触る。そのあと、「おもちゃに触った？」と尋ねられたら、幼児の年齢が上がるほど、嘘をつくようになる。

「子どもはルールを守ろうとしている⁉　そんなばかな。じゃあ、なぜバスの中で騒ぐの？約束を守らないの？」といくらでも反論があがるだろう。みんなが本当にルールを守ろうとしているのなら、この世から犯罪はなくなってしまうはずだ。

ではなぜ、我々はルールを守らないのか。ここでは、「ルールが正しくないから守るべきではない」と意志をもって守らない場合を除くとしよう。もちろん理由は多様である。しかし、最大の理由は、ルールは単独で問題になるのではなく状況の中に埋め込まれている、ということに関係する。

道徳と心理的欲求の対立

幼い子どもにとって、そしてもちろん大人にとっても、なにより難しいことは自分の欲求とルールが葛藤することだ。たとえば、勝手にパパのパソコンを触ってはいけない、という家庭のル

ールがあったとしよう。もしかするとうっかりパパの大切なファイルを削除してしまうかもしれない。でも、子どもにとってキーボードやディスプレイはたいそう魅力的なものだ。触ってはいけないというルールはもちろん十分に知っている。でも、ちょうどいま、誰も見ていないし、ちょっとボタンを押すくらいなら……。この欲求を抑えるのは大変だ。子どもの頭の中は欲求でいっぱいになって、ルールはどこかに行ってしまう。

複数のルールの対立

それ以外には、複数のルールがかち合うという場面もある。たとえば次のような場面を考えてみよう。

・制服のある学校で、ムスリムのヒジャブの着用を認めても良いのか。

・サプライズパーティを友達と企画して「絶対秘密」と約束したけれど、サプライズで驚かす相手が「クラスのみんなが何か隠しごとしているみたいで変だけど、何か知っている？」と相談してきた。

これらは、複数のルールが葛藤する場面である。誰もが納得する解答を出すことは難しい。しかし、複数のルールがかち合う場面で、ある特定のルールを守るということは、別のルールを破ることになるのだ。つまり、どの側面に光をあてるかによって、ルール違反であるのかそうではないのかが変わってくるということだ。

正確には、前述の心理的欲求と道徳ルールの葛藤は「心理的ジレンマ」、複数の道徳ルール同士の葛藤は「道徳的ジレンマ」とよんで区別される。なお、この道徳的ジレンマを考えることが子どもの道徳性を高めるという考え方もある。

ルールは状況の中で意味が変わる

だが最も難しい問題は、ルールは状況の中で意味が変わる、ということだ。ある実験では、他の子どもを叩くゲーム、他の子どもの悪口（「おばかさん」など）を言うゲームという遊び場面を想定して、子どもたちに、叩くことと「おばかさん」と言うことが道徳的に正しいかどうかを尋ねた。つまり、ゲームではないとしたら明らかに道徳ルール違反行為であるが、ゲームの一環としてそのような要素が含まれている場合どのように考えるか、ということである。その結果、より年齢の低い子どもは、叩いたり悪口を言ったりすることは、遊び場面であるならば道徳的に問題ないと考えるが、年齢が上がるにつれて、たとえ遊び場面であっても、被害者の心理を考慮し、それらの行為は正しくないと考えるようになった。興味深いことに、叩くという身体的な危害と悪口という心理的な危害では、前者のほうがより幼い年齢でも悪いととらえられるようだ。身体的な危害は、被害者がけがをする、泣き出すなど、悪影響が見えやすいが、心理的な危害は見えにくいためかもしれない。

事実についての信念の差

文脈によって意味が変わる原因の一つに、文化差や、ルールとは別の「事実についての信念」の個人差の問題もある。「人を傷つけてはいけない」というルールは、普遍的な道徳ルールであると、一応仮定しよう。誰もがそのルールを共有しているとしよう。しかし、何をもってして「人」と考えるかという、ルールや道徳とは別の問題である「事実についての信念」は、人によってあるいは文化によって異なる。

たとえば、胎児は「人」だろうか？　中絶についての判断を調べた研究では、胎児を人間と考えるかどうかによって、中絶の善悪判断が異なったという。胎児を人間と考える妊婦は中絶を悪いと考え、人間と考えない妊婦は悪いと考えなかった。さらに、その後の実際の中絶をしたかどうかの行動とも関係が見られた。つまり、抽象的なルールの次元ではなく、事実についての想定の部分の差が、最終的な判断に影響する可能性があるということである。この問題は、第7章でも扱うこととする。

本章のまとめ

本章は、社会的ルールについて見てきた。我々は、物理的世界とともに、意味世界に生きている。物理的世界は物理的ルールに縛られ、意味世界には社会的ルールが張り巡らされている。社会的ルールが存在する意味世界は、固定的なものではなく、その時々の文脈によって揺らぐ世界である。つまり、一見一つに見えるかもしれない我々の生活する世界は、ルールが適用される範囲に応じて変化する、複数の意味世界の多元的な世界である。冒頭で、SFやファンタジー小説は独特のルールを有する世界を構築していると述べたが、我々はこれらの小説に匹敵する多元的なファンタジーの世界に住んでいるのだ！

意味世界の多様性や多元性は、我々の生活や対人関係を豊かにするものだ。その一方で、道徳に関わる行動では状況を複雑にする。たとえば、子どものしつけにおいて、どの程度のどのような行為が、虐待になるのかという問題がある。ある文化（ある意味世界）では「普通のしつけ」であるものが、他の文化（別の意味世界）から見ると残虐に見えることもあるかもしれない。これが、人間世界の面白いところであるとともに、紛争のもとにもなるのである。

我々は意味世界でルールを共有し（共有していると想像し）、ルールに従う。しかし、しばしばルールを破る。破った人間はそのままなのだろうか？　そんなことはない。不公平は許されない。罰が待っている。

第3章　道徳の中心で公平を叫ぶ

ひどいめに会わされても復讐しちゃあいかんとでもいうのか？

――『ヴェニスの商人』第三幕第一場より

物理的ルールには逆らえないが、社会的ルールは我々の意味世界の中で共有されているにすぎない。このように考えると、社会的ルールはなんとも心細いもののように感じられる。ぐらぐら揺れながら、綱渡りをしているように見えてしまう。

前章で見たように、我々はルールに対し義務感をもっている。それでも、ルール違反はある。違反者はそれ相応の代償を支払わなくてはならない。代償を支払わなくてすむように、違う意味世界にワープして問題をすり替えようとすることもあるだろう。しかし、それに失敗すると、待っているのは罰である。

罰は誰もが勝手に好きなだけ与えられるものではない。相応の罰という言葉があるように、公平であるかどうかが重要だ。我々は不公平に敏感だ。会社で自分より能力が低い同僚が先に出世したとき、みなで決めたことが権威者によって勝手に変更されたとき、誰もが不公平さを感じる。

この章では、公平に関わる問題を考えてみる。公平もまた、道徳を考えるうえで中心的な問題だ。一般に、公平に関わる問題は、「矯正的正義」「分配的正義」「手続き的正義」の三つから検討されてきた。「矯正的正義」とは不均衡を調整する際の公平さに関わるものであり、交換されるものが公平であるかという問題が含まれる。その際、罪に対する罰も一種の交換と考えられる。「分配的正義」とは名誉や財産などをどのように分配するのが公平なのかという問題である。「手続き的正義」とは情報の収集の仕方や決定の仕方といった手続きについての公平さのことである。本章では、矯正的正義と分配的正義について見ていく。というのも、手続き的正義についての子どもの研究がほとんどないからである。

なお、哲学的、法学的には、正義、公正、公平という用語は厳密な区別がされているが、じつは発達心理学の中では翻訳の問題も絡み、区別はあいまいである。したがって、以降、本章で用いる三つの用語に厳密な区別はない。あくまで発達心理学の中で典型的に使用される、公平感に関わる用語として用いるものであり、哲学や法学での用いられかたとは異なることを申し添えておく。

1 罪と罰に対する公平

子どもの世界で罪と罰は日常茶飯事だ。幼児が叩き合っているとき、教師がその理由を聞くと、多くの場合「○○ちゃんが先に叩いた（から自分は正当だ）！」と言い訳をするものだ。幼児はそのような意識をもっていないかもしれないが、叩かれたから叩き返すのは一種の制裁行為である。では、罪に対してどのような罰が与えられるのが公平であるのか。これは矯正的正義の問題だ。矯正的正義とは、自己にふさわしくないものをもっているとき、あるいは何かを奪われたときに、その釣り合いをとるための公平性である。たとえば、鉛筆を一本盗んだだけで死刑というのは罪に見合わない重い罰である。人を殺したのに罰金が数万円程度というのは軽すぎる。有名な「目には目を、歯に歯を」とは、行き過ぎた処罰を取り締まるための法律だという。では、子どもは罰についての公平性をどのように理解しているのであろうか。

子どもの理解する罪と罰

スメタナらは、幼児から小学生を対象に、通常の道徳逸脱行為と仕返しの状況での道徳逸脱行為のどちらを悪いと考えるのかを調べた。この研究では、通常の道徳逸脱行為として「殴る」という身体的攻撃と、「からかう」という言語的攻撃の二種類が使われた。まず、殴ることと、からかうことそれ自体の比較では、からかうほうが「悪くない」と判断される。そこで、この研究では、仕返し場面として、次の四つの組み合わせが用いられた。

A：殴られたあと、（殴られたから）殴り返す
B：殴られたあと、（殴られたから）からかう
C：からかわれたあと、（からかわれたから）殴る
D：からかわれたあと、（からかわれたから）からかう

これらの仕返しとしての殴る、またはからかう行為は、最初の通常の道徳逸脱行為（たんに殴る、からかう、というもの）よりも「悪くない」と判断された。もっといえば、子どもたちは「同等返却」という、やられたことに対して同程度の報復であれば「仕返し」をより正当と考えるようだ。なぜなら、からかわれたあと殴るというような、最初の攻撃よりも大きな攻撃をするのは不当だと判断していたからだ。

戦争や貧困によって暴力にさらされた頻度の高い子どもを対象とした研究では、暴力が日常茶飯事となっている環境の子どもたちでさえ、仕返しではない状況での盗みや暴力ならば、間違っていると考えているそうだ。だがしかし、仕返しをするためには盗みや暴力はかまわないと考え

るようだ。しかも、暴力にさらされた経験が多いほど、その傾向が高い。多少希望が見える点としては、これらの研究で、子どもたちは和解の可能性を信じていたことだ。しかし、一般的には、仕返しとしての暴力を正当であると考える、人間の一般的な傾向性が読み取れる。

赤ちゃんの理解する罪と罰

では、赤ちゃんは罪と罰を理解しているのだろうか。第1章で見たように、ゼロ歳代の赤ちゃんであっても道徳的センスは非常に高い。では、善悪判断のみならず、赤ちゃんは公平感をもっているのではないか？　答えはイエスのようである。ブルーム（Paul Bloom）らのグループが行った次の実験を見てみよう。

まず、赤ちゃんは、ふたを開けようとしている人形を手伝う「いい者」の人形、ふたを閉める「悪者」の人形を見せられた。続いて、このいい者、または悪者が、新たに登場した別の人形にボールを転がすという、別の場面を見せられた。その際、新たな人形の片方はボールを転がして返すという親切行動を行うが、新たな人形のもう片方はボールを抱えて逃げるという意地悪な行動をした。では、赤ちゃんは、「いい者に親切行動をする人形」「いい者に意地悪な行動をする人形」「悪者に親切行動をする人形」「悪者に意地悪な行動をする人形」のどれに手を伸ばすのだろうか。その結果、五カ月児は、やりとりをする相手がいい者、悪者であろうとなかろうと、親切な人形を好んだ。しかし、八カ月児は、悪者に親切な人形より、悪者に意地悪な人形を好み、手を伸ばした。つまり、正しい罰を好むと推測できるのである。

このように、人間は、罰についてかなりの初期から理解を示す。その理由は、進化心理学の理論を引用しなくとも常識で理解できる。将来的に同様の行為の再発を予防するためである。だからこそ、最初の逸脱行為よりも「悪さの程度の高い」仕返しは不公平になるのだ。また、最初の行為に対しあまりにも軽い罰では、再発を予防できないのだ。この釣り合いこそが、矯正的正義の勘所だ。

しかし、罰とは、これまで見てきたような、被害者が即座に「やり返す」場合だけではない。もっと長期的に練られた復讐もあるし、第三者の制裁もある。法によって罰則を規定するのは、当事者同士の争いを第三者に委ねて穏便に解決する高度なシステムである。次の節では、第三者の罰、つまり制裁について考えてみよう。

2 制裁

制裁を望む心理

『レオン』のマチルダは殺された弟のために、殺し屋から殺人技術を学ぶ。『キル・ビル』も『スターウォーズ』も復讐の物語である。日本で最も人気のある時代劇の一つ「忠臣蔵」も典型的な復讐譚である。

小説やドラマでこれほどまで復讐の話が描かれるのは、他者の復讐を見ることが一種の快感だからかもしれない。しかし、自分自身が直接被害を被ったわけではないのに誰かを罰したいと思う気持ちは、そう単純なものではない。被害者であれば、名誉を回復したり、気持ちを調整したりするという罰に対する動機づけはわからなくもないが、第三者ならば、本来それらはまったく関係ない。それにもかかわらず、不倫をした芸能人や汚職をした政治家のみならず、ネット上で少々不用意な発言をした一般人ですらも、激しく糾弾されることがあるのはなぜだろう。我々の税金が使われるから、子どもがテレビを見るから、不快だから。述べられる理由はさまざまだが、義憤にかられたこれらの制裁行動を理解するのは、じつは難しい。

もちろん、個々人の制裁行動は、鬱屈した攻撃性の吐け口なのかもしれない。他の理由もありうるかもしれない。しかし、ここではあえて公平の観点から第三者の罰を考えてみよう。

犯罪行為に対する第三者の罰は、現代社会では政府がその権限をもっている。被害を受けた個々人が仇討ちをしなくとも、加害者には罰が与えられ、政府が個人の代わりに復讐を果たしてくれる。しかし、近代国家が成立する前から、それこそ狩猟民族の時代から、人間は集団を形成しており、何らかの（個人による制裁とは限らないが）第三者的制裁は存在していたと考えられる。そうでないと、要領の良い人や力の強い人が好き勝手なことをしてしまうことになる。

ここで問題となるのは、罰を行う第三者、つまり処罰者が「守られている」必要性である。処罰者が最初の加害者やその家族に恨まれて、不利益を被るならば、その役をかってでる人はいないだろう。警察、裁判官や検事などは国家権力に守られていると考えてもよいかもしれないし、誹謗中傷などが匿名性が担保される場合に深刻になるのも、同様かもしれない。そのように考えると、処罰者がヒーローとして賞賛されるほうが、集団の秩序を保つには都合が良い。悪と戦う処罰者の格好の例はウルトラマンや水戸黄門である。しかしながら、現実の第三者的罰は、通常、特定のヒーローによるものよりも、ゴシップや村八分など、特定の処罰者に負担がかかるような方法ではないことが多いようだが。

幼児も制裁行為を理解する

心理学者の越中康治は、幼児同士の相互作用を観察するなかで、しばしば子ども同士の対人葛藤場面に第三者の子どもが介入して解決しようとすること、そのときに男児は叩くような身体的攻撃、あるいは言葉の暴力を振るうことが多く、女児は加害者を遊び集団から排斥するという、仲間関係を操作することで相手に危害を加える攻撃をすることが多いことを見出している。つまり幼児も、罪を犯した子どもに対して第三者による罰を与えているのだ。

ある実験では、幼児が第三者による罰、つまり制裁をどう理解しているかを調べるために、次のようなストーリーが用意された。

挑発的攻撃場面：主人公が、砂場で遊んでいる。主人公は、隣にいる他児が持っているバケツを使いたくなる。主人公は、「貸してくれないなら、叩くよ」と言って、他児からバケツをとる。

報復的攻撃場面：主人公が砂場で、バケツを使って遊んでいる。隣にいる他児が、主人公のバケツを勝手にとる。主人公は、「返してくれないなら、叩くよ」と言って、他児からバケツをとる。

制裁としての攻撃場面：砂場でバケツを使って遊んでいた仲間が、他児にバケツをとられるところを、主人公が目撃する。主人公は「返してあげないなら、叩くよ」と言って、他児から仲間にバケツを取り返す。

実験では、これらの場面に対して、子どもたちは、どのくらい悪いと思うかという『善悪判断』、それぞれの場面の中の主人公とどれくらい遊びたいと思うかという「受容判断」が求められた。その結果、子どもは、「挑発的攻撃場面」よりも「報復的攻撃場面」と「制裁としての攻撃場面」を「悪くない」と判断し、その主人公と「遊びたい」と答えた。幼児であっても、たんなる攻撃と、報復や制裁としての攻撃を区別しているのだ。なお、これらの子どもの判断は、とられたものが壊されて修復可能かどうかなどの攻撃後の結果によって変化しないことがわかっている。

同様に、友達が不当な扱いを受けたときにともに怒りを感じることを四歳児は理解しているようだ。ある実験では次のようなストーリーが用いられた。一つのストーリーは、ある子どもが別の子どものおもちゃを取り上げるというもの、もう一つのストーリーは、みんなでメリーゴーランドに乗るというものである。おもちゃをとられるストーリーで、誰が腹を立てるのかを尋ねられると、四歳児は、おもちゃをとられた子どもだけではなく、その子の友達も腹を立てると考えた（加害者の友達は腹を立てないと考えた）。一方、メリーゴーランドに乗ったら、友達かどうかに関係なく、誰もがドキドキすることを理解していた。物理的な刺激の場合は、人間関係に関係なく、誰もが気持ちを共有すると理解しているいうことだ。

子どもの告げ口

子どもたちはまた、告げ口という形での制裁も行う。

「いーけないんだーいーけないんだー
先生に言ってやろー」

何十年も前から歌われ続けるこの言いまわし。誰もがこの独特のメロディーを一度は聞いたことがあるのではなかろうか。告げ口とは、仲間や同僚の行動を権威者に報告し、権威者からの制裁を期待することである。「相談」や「報告」との違いは、相手を貶めるために悪口を言っているのかどうかにかかっている。どうすれば問題が解決するかを一緒に考えるならば相談である。告げ口は本来卑怯な行為であり、相談や告発は正当な行為と考えられている。しかしながら、ある研究によると、子どもたちが親に話す内容の大半はきょうだいの告げ口であり、学校でのおしゃべりの大部分も友達がどう規則を破ったかの説明だという。

このように、幼い子どもが罰と復讐に敏感だというのは、少々ショッキングかもしれない。では大人はどうなのだろう。

大人の理解する制裁

一般的な傾向として、成長とともに、さまざまな内容を考慮して、柔軟に公平かどうかを判断できるようになってくるものだ。その一方で、これまでの章で見てきたように、罰と制裁についても、大人は理性的な判断をするわけではないこともわかってきている。

たとえば、近年、裁判員制度が導入され、一般市民が判決に関わるようになった。それに対応して、一般市民が刑事事件についてどのように判決を下すのかを調べた研究が蓄積されつつある。有罪かどうか、量刑がどの程度かということは、本来は理性的に判断されるべきものだろう。また、被害や状況が同程度の事件については同程度の判断がなされるべきである。しかし、さまざまな研究の結果、人は必ずしも理性的に判断できるわけではないことがわかってきた。たとえば、容疑者にネガティブな情報（たとえば加害者の性格や非行歴など）が付与されたり、公判の材料が長く読むのが難しい場合、より悪い判断になったり、あるいは「死刑か無罪か」のような極端な判断になることがわかった。また、一般の人たちの判断は、裁判官など、いわゆる専門家の意見に容易に影響されてしまうようだ。さらに、人間は、罰それ自体には興味があるものの、本人が反省をしたり、再び罪を犯したりしなくなるかといった罰のあとの影響には驚くほど無関心であることもわかってきた。

このように、制裁についての判断において、大人がけっして理性的ではないということを、あらためて認識しなくてはいけないのかもしれない。

3

許し――子どもは許しを理解するのか

ここまで、罪に対する罰について見てきたが、罰が下されたあとに忘れてはならないのは許しである。筆者が幼稚園で観察しているときに、ある幼児が次のようなことを言うのを聞いた。

「叩かれたからって叩いてはいけないよ。だって、また叩き返したら、けんかがずっと続くよ。ごめんなさいって、謝ればいいのに」

『赤毛のアン』のアン・シャーリーは、ギルバートに教室で「にんじん」と呼ばれたとき、彼の頭を石板で叩いた。それだけでは許さず、ギルバートが何度も和解を申し出るのだが、物語の最終章、大学を卒業するまでアンはギルバートを許さなかった。

罪に対して罰が下される。それが釣り合っていたとしても、最終的には加害者と被害者の双方が納得しなくてはならない。それが和解であり、許しである。

子どもの許しの認識は、おもに謝罪行動についての研究から検討されてきた。幼児の様子を見てみると、子どもは簡単に「ごめんね」と言うものだ（言わされる場合も多いが）。では、謝罪のもつ、被害者の抱く攻撃的感情を緩和させる機能を子どもは理解しているのだろうか。

子どもは深く反省して謝っているわけではなく、シナリオに沿って行動しているだけだという指摘もある。これは「謝罪‐許容スクリプト」という用語で説明される。スクリプトというのは、時系列に沿って行われる一連の動作のことである。たとえば、レストランで何かを注文するとき、時系列に沿った一連のルールを我々は理解している。子どもの世界にもいくつかのスクリプトがある。たとえば、仲間に入りたいときに「入れて」‐「いいよ」というようなものが典型例だ。同様に「ごめんね」‐「いいよ」も子ども同士のやりとりでよく見られるスクリプトである。

スクリプトは我々の社会生活を円滑にするために便利な、そして必要なものである。しかし、謝罪については、スクリプトに沿って、つまり「ごめんね」‐「いいよ」と表面的に言い合うの

だけでは不十分である。

一般に、謝罪には道具的謝罪という、罰の回避や仲間の拒否を避けるなど何らかの目的を達成するための謝罪と、誠実な謝罪という、違反について責任を認め罪悪感を覚えることを必要とするものと二種類がある。当然、誠実な謝罪が望ましく、かつ、難しい。誠実な謝罪が望ましい理由は、被害者が加害者を許す可能性が高く、かつ加害者が再犯に及ぶ確率が低いからである。

ではいつから、子どもは誠実な謝罪を理解できるのだろうか。どうやら、小学一年生では十分に理解できていないらしい。ある実験では、小学一、三、五年生に対して、次のようなストーリーを聞かせた。

「あなたは、一番仲の良い友達に、あなたのお気に入りのものを貸しました。しかし、返してもらうと汚れているところがあり、その汚れは拭いてもとれませんでした」

そして、友達の悲しそうな表情と嬉しそうな表情という、罪悪感の有無が示唆される表情と、謝罪の言葉の有無を組み合わせた四つの場合を見せた。それぞれに対して「このときあなたはどんな気持ちになりますか」と聞いて、「よけい腹がたつ（増加）」「変わらない（維持）」「腹がたつのが治る（減少）」の三つの中から選択させている。その結果、罪悪感ありの顔（悲しそうな表情）で謝罪の言葉がない場合、一年生は他の学年の子どもよりも「よけい腹がたつ」を選択する割合が高かった。また、罪悪感なしの顔（嬉しそうな表情）と謝罪の言葉がない場合、どの学年も「よけい腹がたつ」の選択者が多いものの、一年生は他の学年よりも「よけい腹がたつ」を選択する割合が高かった。大人ならば、謝罪の言葉よりも、罪悪感のほうが重要と考えるかもしれない。しかし、一年生は、悲しそうな表情でも嬉しそうな表情でも、謝罪の言葉がないと怒りが増加し、謝罪の言葉があると怒りが減少した。つまり、表情よりも謝罪の言葉の有無が判断材料となるようだ。このように、表情と言葉を統合して謝罪を理解するのは、三年生以降に持ち越されるのかもしれない。

4 公平な分配

さて、次は分け合うことの公平性について考えてみよう。分配的正義とは、グループのメンバーに何かを分配するときの公平さに関わるものである。幼児同士がどのようにお菓子を分け合うのかということから、社会の中で税金をどのように分配するのかという問題に至るまで、我々にとって身近で、かつ切実な問題に満ち溢れている。『犬神家の一族』のみならず『長靴をはいた猫』も遺産の分配がことの発端である。

子どもの分配的正義の理解の発達

乳児を対象とした研究から、発達の初期から分配の平等性についてある程度の理解が見られることがわかってきている。たとえば、ある研究では、一九カ月の乳児に、実験者が二つの人形それぞれに平等にクッキーを与える「平等条件」、実験者が一方の人形だけにクッキーを与えても一方の人形には与えない「不平等条件」を見せる。その結果、乳児は不平等条件のほうを長く見ることが示された。乳児が長く見るということは、興味深い現象であること、多くは「驚くべきこと」であるからであり、この実験においては、不平等分配は乳児にとって「予想と異なる」

状況であると解釈可能である

分配的正義の発達を語るうえで外せないのが、デーモン（William Damon）が行った古典的な研究である。この研究で使われたストーリーの例を見てみよう。

あるクラスの子どもたちが一日かかってクレヨンで絵を描き、その後描いた絵をバザーで売った。何枚も描いた子、上手に描いた子など、さまざまである。バザーの収益はどのように配分すべきだろうか。それはなぜだろうか。

このようなストーリーを、幼児から小学生の年齢の子どもに聞かせた。その結果、「だって欲しいから」のような自分の欲求を中心に判断する段階から、「みんな同じでなければならない！」のような厳密な平等性に固執する段階へ、そして「たくさん描いた人にたくさんあげるべき」のようなさまざまな人の主張や状況の特殊性を理解して柔軟な分配を考えられる段階、あるいは「私たちは等しいのだから同じだけもらうべき」のような公平の真の意味を理解する段階へと変化することが示された。

自分の欲求を中心に判断する段階は、三、四歳くらいの子どもたちに特徴的だ。別の研究者による実験を見てみよう。まず、子どもたちは、キャンディを二つもらった。そして、一個は必ず自分のものになるのだが、もう一個は他の子どもにあげるのかあげないのかを選ばせた。その結果、三、四歳児の半数程度しか、もう一個を他の子どもにあげようとはしなかった。さらに、別の実験では、友達同士を対象とし、ある作業をしてもらったあと、ごほうびにシールを分けるという場面を用いた。その際、実験者がある子どもにはシール二枚、別の子どもにはシール四枚という不平等な分配をする。そうすると、少ない枚数しかもらえなかった子どもはシールが少ないことに不平を言うのだが、たくさんシールをもらった場合、不公正とは考えないうえに、最初の子どもに一枚あげて二人とも三枚ずつにするのを拒むのだ。このように、他者に対しては平等主義、自分が得することなら不平等万歳！なのだ。

しかしながら、子どもたちは、ほどなく厳格な平等主義者になる。これは「平等バイアス」とよばれるほど、驚くほどかたくなであることが示されている。先ほどのキャンディ分配実験では、八、九歳くらいの「平等主義者」たちは他者に気前よくキャンディを分け与えるようになる。しかし次の実験で見られるように、この年代の子どもの平等性はときには異様である。六歳から八歳の子どもは、二人の登場人物に対しごほうびに五個の消しゴムを分け与える場面を示し、どのように分配すべきか考えさせられた。その結果、たとえどちらかに一個多くあげても登場人物がうらやんだりすることはない、と強調しても、子どもたちは「最後の一個の消しゴムを捨てるべきだ」と答えたという。

その後、状況に応じて柔軟に対応できるようになるというのは、第1章、第2章と読んできた読者には容易に想像がつくところであろう。子どもはほどなく、分配する相手がどのような評判をもつのか、自分と友達であるかどうかを考慮するようになる。さらに、ある状況では必要性に応じて、別の場合では厳密な平等主義に基づいて、というように、分配の基準を使い分けることもできるようになってくる。

このような子どもたちの道徳判断における柔軟性（フレキシビリティ）は、さまざまな認知能力の発達と関係すると考えられる。たとえば、他者の立場に立つ視点取得能力、思考そのものを認知する能力であるメタ認知能力、過去や未来について思考する能力である時間的展望能力などである。

負担の分配の理解

子どもを対象とした分配的正義の研究は、圧倒的に、ごほうびの分配に関わるものが多い。しかし、分配的正義は、負債や負担の分配も含む。たとえば、家庭内の仕事の公平性を調べた研究がある。五歳から八歳の子どもは、娘だけがカーテンを縫う仕事で息子だけが車のオイル交換をする仕事の場合、不公平と考えた。先ほどの「厳密な平等性」の基準から考えると、たしかに不平等だ。しかし、一〇歳くらいになると、子どもたちは不公平とは考えなくなる。一種の性別ステレオタイプに基づいた家事の分配が本当に公平なのかどうかは、議論の分かれるところだ。しかし、男女の特徴に応じて分配の公平性を考えている、という見方をするならば、一〇歳の子どもの判断は、たしかに柔軟である。

日本で行われたある研究では、幼児が幼稚園での片づけという責任をどのように分配するかについて検討している。たとえば、二人の子どもがおもちゃで遊んだあとの片づけについて、幼児に質問をした。興味深いことに、たとえそのおもちゃを片づけなくても、他のおもちゃを片づける場合や、片づけない代わりに二人のために昼食の席を確保する場合など、時間的、空間的に広い範囲での平等性があることを幼児は理解していた。さらに、片づけをしなくてもよい理由の正当性には、①腹痛などの個人的な状況、②他のおもちゃを片づけるなどの集団責任、③昼食の席を確保するなどの相互利益、④片づけたくないなどの利己的理由、という順序性が見られた。なじみのある場面であるからこそ、幼児でもこのように洗練された判断をするのかもしれない。

不公平な分配は許されるのか？

さて、これまでの流れから、賢明な読者は次の文章を予想するのではないか。大人もまた分配的正義においてけっして有能ではない、と。たしかに、子どもが徐々に自己中心的な判断から脱して、人々の特徴に応じて公平性を判断できるようになるという単純な延長線上に、必ずしも大人はいない。幼い子どもの特徴が消えず、状況によっては自己中心的な判断をすることもある。しかし、ここで強調したいのは、我々の社会には不平等な分配に警鐘を鳴らすシステムが発達しているということだ。誰か一人ががっぽり得をするようなことがあれば、何らかの手段で引きずり下される運命にある。それは法によってかもしれないし、ゴシップや揶揄によるのかもしれない。これこそが一種の社会的制裁である。いやしかし、特権的地位に就いてある種の報酬をたくさんもらう人がいるではないかって？　いやいや、そんなことはない。それに見合った負担や責任を果たしているならば、不公平とは思われない。さらに、我々は、ある程度未来のことも考慮に入れて考えることができるので、現在見えるものだけをどのように公平に分けるかだけではなく、現在多少損をしても長期的に帳尻が合うような公平性に納得することもできる。もちろん、本当は不公平なのにみなが気づいていないという可能性もなきにしもあらずではあるが。

本章のまとめ

公平の問題は、道徳性の中心だ。そもそも道徳とは何かということを考えるとき、その定義が研究者によって異なる。しかし、公平の問題を道徳ではないと考える研究者は、おそらくいない。

本章では、罰と分配という二つの側面から、子どもの公平感を見てきた。我々は、幼い頃から、平等かどうかについて敏感なようだ。そして、成長とともに、厳密な平等主義から脱して、何が公平であるのかを柔軟に考えることができるようになるようだ。

言うまでもないことだが、公平は、究極的にはたんに「等しい」という基準でしかない。いわば、天秤ばかりでしかない。彫像や絵画で描かれる正義の女神がもっている、あの天秤ばかりのことである。よく、公平や正義は文化によって違う、人によって違う、と言われるが、違って当然なのである。公平は、中身ではなく、「釣り合い」そのものなのである。

しかし、違うといってそのままにできないのが、公平の問題でもある。仕返しが正当であるのか、どの程度の仕返しが正当であるのか。分配が正当であるのか。この基準をめぐる争いは、幼児同士のいざこざから、国家間の紛争まで広がる。それぞれの事情をもった人や状況の「釣り合い」を図ろうとするのだから、光のあてかたによって、何が公平なのかが異なってくる。これらの対立をどのように解消すればよいのか。そこで重要になってくるのが「理由」である。「とにかくそう思う、こうしたい」という主張や結論ではなく、なぜそのような「釣り合い」が「公平なのか」の理由を示すことによって、合意の可能性が見えてくる。

だが、実際にはこの「理由を明らかにして話し合う」のが難しい。我々の判断は、感情など、理性以外の要素に基づいてなされることもあり、そもそも説明ができないということもあるからである。次章では、この理性とは対極にあるように見える――実際は対極にあるわけではないが――感情について考えよう。

第4章　感情、このやっかいなもの

だれにできよう、冷静と狼狽、平静と激怒、忠誠と冷淡を同時に示すことが？　できはしまい。
——『マクベス』第二幕第三場より

喜んだり、悲しんだり。私たちにとって感情はとても身近な存在だ。そしてときに、怒りを抑えられない、悲しい気持ちから抜けられない、というように、感情は手に負えない暴れ馬のような存在にもなる。旧来、感情は理性を妨げる不合理なもの、あるいは、個人的で内的な現象だと思われていた。発達は、人が制御不能な「パッション」から脱して理性的な存在になるものだという前提があった。しかし、現在、感情は必ずしも理性を妨げる不合理なものとは考えられていない。感情は、人間が環境に適応して生き延びるために必要な、心の仕組みの一つなのである。

たとえば、一六〇年ほど前、けがにより前頭前野を損傷してしまったフィニアス・ゲージ(Phineas Gage)という患者は、感情の機能が著しく低下してしまった。その結果、記憶や思考などの認知的な能力にはあまり問題がなかったにもかかわらず、日常の計画や決定にも支障を来すようになった。感情は、我々のやる気や意思決定の動力でもあるのだ。さらに、感情はコミュニケーションの道具であるとともに、対人関係を調整する機能をもつ。我々は表情やジェスチャーなどから他者の感情を推測し、その後の相手の行動を予測することによって適切な行動をとろうとする。適切に感情を表出することで、よい人間関係をつくることができる。感情は、まるで貨幣のように、やりとりされるものでもあるのだ。

本章では、感情の機能を確認したうえで、道徳的感情とよばれる感情を中心に、それらがどのように発達し、道徳性とどのように関わるのかを考えていく。

1 基本的感情と道徳的感情

ライリーは一一歳の女の子。ホッケーが好きで両親と仲良く暮らしている。このままずっと幸せな生活が続くと思いきや、突然引っ越しをすることになる。そんなライリーの様子をライリーの心の中から描いたのが、『インサイド・ヘッド』というアニメ映画だ。

制作にあたって著名な神経科学者や心理学者が関わっていることもあり、科学的にかなり正確に「心の中」の機能や構造を描いている。何より象徴的なのは、感情（ヨロコビ、カナシミ、イカリ、ビビリ、ムカムカの五つ）がすべての精神状態を統括する存在として描かれていることだ。この映画の中で「思考」は、人間が覚醒しているときに（つまり眠っていないときに）心の中をまわる列車として表現されている。

感情の機能と発達

感情は、進化の過程で適応のために準備された機能と考えられている。感情は、危険を回避し、生命を維持し、何をすべきか学ぶべきかを選び取ることができるゆえ、進化してきたものだ。たとえば、外敵が迫ってきたときには、瞬間的に内臓・神経反応が生じ、恐怖という感情が起こる。恐怖は、それ以外の行動や欲求を強制的に「終了」させて、恐怖に駆られた行動、すなわち、「逃走」を選択させる。感情がときに他の何よりも抗し難く我々を支配するように感じてしまうことこそが、感情の最大の特徴であるかもしれない。

『インサイド・ヘッド』の中の五つの感情は基本的な感情だ。これらの基本的な感情はどの文化圏の赤ちゃんにも現れるようだ。ルイス（Michael Lewis）によると、これらの基本的な感情は、生後半年くらいまでに現れる一次的感情であるという（図4－1）。その後、一歳半から二歳という、規則について理解し、自分を評価する力も多少はついてくる時期になると、別種の感情が現れる。てれ、羨望、共感、誇り、恥、罪悪感などである。これらは二次的感情とよばれる。二次的感情の中でも、共感が先に出現し、誇り、恥、罪悪感はそのあとに出現すると想定されている。

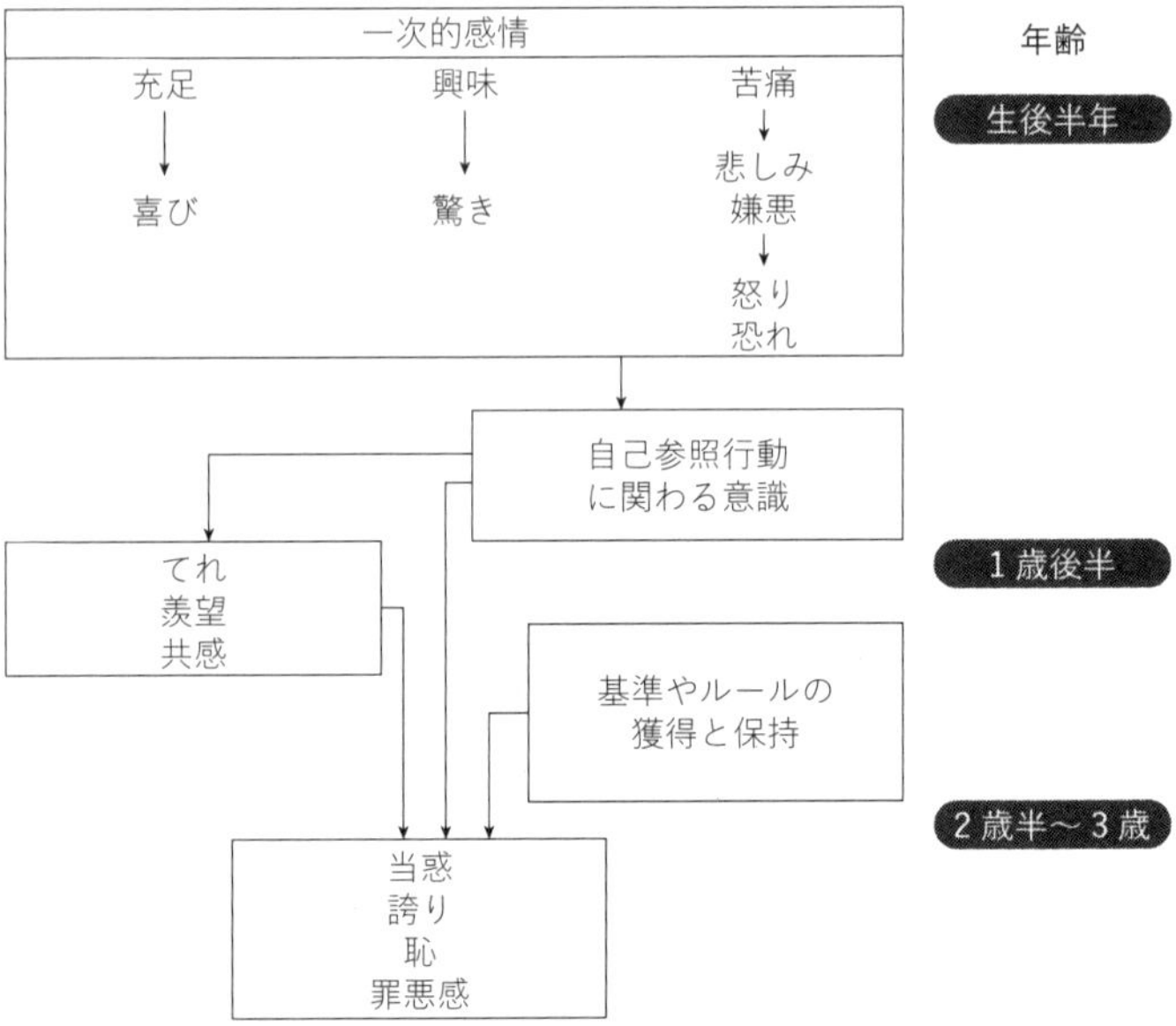

図 4-1　生後 3 年間の情動発達

（出典） Lewis, M. (2000).The emergence of human emotions. In M. Lewis & J. M. Haviland-Jones (Eds.), *Handbook of emotions* (2nd ed., pp. 265-280). New York: Guilford Press.

後者の感情は、規範や自分の目標を達成したかどうかを自身で評価することにより生じることから、自己評価的感情とよばれることもある。

道徳的感情

道徳ルールを破ってしまったときに罪悪感を覚えたり、親切にされたときにその人に感謝したり、英雄的な行動を見たときに背筋がぞくっとするような高揚感を経験するなど、道徳と関係する状況で感情が生じることがある。このような感情を、本書では道徳的感情と名づけよう。

先に述べたように、感情は我々の行動を制御し、かつ、我々はコミュニケーションの際に感情を一種の情報として利用する。道徳的感情も同様である。罪悪感を覚えたら次に同じ過らを繰り返さないようになる。罪悪感を覚えるだろうと感情を予期して不道徳な行動を避けることもあるかもしれない。感謝した相手には親切に対応することも多いだろう。このように、道徳的感情は、自己処罰の役割をもつこともあるし、望ましい行動に導く役割ももつ。

さらに、逸脱を犯してしまっても、その人が罪悪感をもっていることが明らかであれば、まわりの人たちはその人を許すだろう。その人が罪悪感を示すことは、「社会の規範を知っていて守ろうとしている」ことをまわりの人に示していることを表す。不道徳な行為をしても、反省すればコミュニティのメンバーは逸脱者を許し、メンバーとして受け入れるが、そうではない場合は排除するかもしれない。したがって、我々は、他者の恥や罪悪感の兆候に敏感である。このような道徳的感情は、我々が規範を共有し、規範が共有されることによってコミュニティ（＝社会）が維持される、という機能をもつのである。

ハイト（Jonathan David Haidt）によると、道徳的感情には次の四種類があるという。自己意識（さらに自己批判と自己賞賛に分かれる。恥、罪悪感、誇りなど）、他者批判（軽蔑、怒り、嫌悪など）、他者苦痛（慈悲、同情など）、他者賞賛（感謝、畏敬、高揚など）である。自己意識とは、感情が自分自身に向けられるものであり、それが自己批判というネガティブな方向性をもつ場合は恥や罪悪感に、自己賞賛というポジティブな方向性をもつ場合は誇り（プライド）になる。感情が他者に対して向けられる他者意識の中には、道徳逸脱をした人に対する軽蔑や嫌悪などの他者批判、かわいそうな状況や人に対して慈悲や同情を感じる他者苦痛、他者の良い行動に対して感謝や畏敬などを感じる他者賞賛がある。これらは広い意味での道徳的感情であり、他者批判と他者苦痛は道徳的感情に含まれないと考える理論家も存在する（この議論については本章では深入りしない。深く知りたい人は巻末の主要引用文献のハイトの著作およびブルームの『ジャスト・ベイビー――赤ちゃんが教えてくれる善悪の起源』を参照していただきたい）。典型的な道徳的感情は、この中で自己意識に分類される、恥や罪悪感だ。

次節から、それぞれの感情を紹介しよう。ここでは道徳的感情の前提として共感、続いて自己批判の感情である恥と罪悪感、他者批判の感情である嫌悪、他者賞賛の感情である感謝を順に取り上げる。

2　共感と同情

子どもの共感

他者の思考や感情を読むという設定は、ＳＦやファンタジーの王道だ。ちなみに思考を読むのはテレパス、感情を感じるのはエンパスというように区別されることもある。筒井康隆の『家族八景』から、映画化もされた最近の人気漫画『高台家の人々』に至るまで、実際にその能力をもった人は大変苦労する。気がつけば思考や感情が自動的に頭の中に入り込むので、それを意識的に「閉じる」必要があるのだ。不潔な行為を考えた他者の思考がなだれ込んでしまい、『家族八景』の主人公火田七瀬は、気持ち悪さに吐いてしまうほどだ。我々はこれらの超能力者のように他者の気持ちを正確に読むことはできないが、思った以上に他者の気持ちに同調するようだ。

ホフマン（Martin Hoffman）によると、生まれたばかりの赤ちゃんでさえも、情動伝染のような、認知的な過程を必要としない共感を示すという。たとえば、乳児室で、他の赤ちゃんの泣き声に反応して泣き出してしまうというような現象である。感情の同期は動物にも見られることから、進化的に組み込まれた生得的な反応だと考えられている。この考えをサポートするものとして、ミラーニューロンの研究がある。人間の実験者の行動を見たサルにおいて、そのサルが同じ行動をしたときに活動するのと同じニューロン（神経細胞）の活動が確認されたという。ただ見るだけでも鏡に映っているかのように同じ細胞が電気活動をすることから、これらの神経細胞はミラーニューロンとよばれる。人間の脳でも同じような活動が起こることが予想されており、人間は無意識のうちに、他者の行動を脳内で同期していると考えられる。

しかしながら、子どもの共感は十分に成熟していないことも多い。大人が悲しんでいるのを見た二歳くらいの子どもが、慰めようと思って自分のぬいぐるみをもってくるという非常にほほえましいエピソードは、自分自身がしてもらっている行動を模倣しているにすぎない。三、四歳に

なると、たんなる模倣ではなく、他者にとって必要な行動をしてあげられるようになる。これは、第1章で紹介した、心の理論が徐々に発達し、他者の立場に立って考えることができるようになるからである。

共感の両価性

共感が道徳性の基礎になることは間違いないだろう。共感とは他者の身になることであるので、他者を思いやり、他者を助け、仲間意識をもつことにつながる。しかし、共感すれば必ず社会的に望ましい行動につながる、というわけではない。なぜなら、共感にもいくつかの種類があり、その中には他者の苦しみに苦痛を感じることも含まれるからである。たとえば、最も有名なデイヴィス（Mark Davis）による共感の分類を見てみよう。これは対人的反応性指標（Interpersonal Reactivity Index;

IRI）とよばれる共感性尺度であり，その中には四つの次元がある。

①　共感的関心（Empathic Concern; EC：他者への同情や思いやりの他者志向的感情）

・自分より恵まれていない子はかわいそうに思う。

・他の人に起こったことでも自分も悲しくなったり，うれしくなったりする。

②　視点取得（Perspective Taking; PT：日常生活の中で自発的に他者の心理的観点をとる傾向性）

・だれかをせめる前に，自分がその人の立場だったら，と考える。

・友だちのいやなところをその友だちにいう前に，自分が友だちにそんなことをいわれたらどう感じるんだろうと考えてみる。

③　個人的苦痛（Personal Distress; PD：他者への苦しみに対する苦痛感や不快感に関する自己志向的感情）

・ころんで大けがをした人を見ると，そこから逃げ出したくなる。

・だれかがけがをするようなたいへんなときに，助けを求められると，パニックになって何もできない。

④　ファンタジー（Fantasy; FS：仮想の状況・場面に自分を置き換えて想像する傾向性）

・おもしろい映画やビデオを見るとき，自分がその登場人物になったつもりになる。

・ドラマや映画を見ると，私もお話の中の人になったように感じる。

それぞれの文章について「そう思う」と考えるほど、その次元の共感性が高いことを意味する。なお、これらは、共感の四つの次元を理解していただくために「児童用共感性尺度」から抜粋したものであり、読者の共感性を測定するものではないことにご注意いただきたい。

たとえ共感しても、他者の苦しみに苦痛を感じるとその場から逃れようとして他者を助ける行動を妨げてしまうこともある。具体的には、デイヴィスの下位尺度の中の、「個人的苦痛」の尺度得点が高い人は、他者が苦しんでいる場面を見るとむしろそこから逃げようとして、他者を助けない傾向があるという。

不道徳な行動者に共感することによって同じような行動をとることもある。たとえば、いじめの傍観者に共感するほど、同じようにいじめを傍観する態度を示す傾向が高くなる。また、「シャーデンフロイデ」とよばれる、他者のささいな不幸を快く思ってしまう現象は、好ましい反応ではないが、共感が基礎となっている。これは、成功してちょっと調子に乗っている人が、バナナの皮で滑って転んでしまった（そしてたいしたけがもない）、という程度の「ちょっとした不幸」を「いい気味」と思ってしまう、というような現象である。

同情（シンパシー）も道徳性の観点から考えるとき、両価的な感情だ。同情それ自体には、正しさへの志向性は含まれないので、同情心と道徳的な正しさが対立することがしばしばある。たとえば、同情する気持ちを優先して、犯罪者を逃したり、特別な措置を望む人を優先したりするような場合だ。これらは、道徳的に正しくない行為である（ことが多い）。

このように、共感や同情は道徳性の基礎となる感情ではあるものの、道徳的ではない方向に向かうこともあるという意味で、道徳的感情ではないといわれることもある。次に、最も典型的な道徳的感情といわれる、恥と罪悪感について見てみよう。

3 恥と罪悪感

『アンドロイドは電気羊の夢を見るか』は、動物が死に絶えてしまった地球を舞台にしたSF小説である。この世界には、外見上は人間そっくりのアンドロイドが紛れ込んでおり、主人公は、アンドロイドを見つけ出し、最終的には処分する仕事を請け負っている。そして、人間とアンドロイドを区別する方法は、直感的に道徳的感情を抱くかどうかである。「感情移入速度検査」とよばれるものを用いて、〝すべての人間がなんの苦もなくやっている体験〟、つまり道徳的にショッキングな刺激に対する恥ずかしさや罪悪感などの反射運動を測る。この小説の中では、罪悪感のような道徳的感情を（自動的に）発現するかどうかが、人間とアンドロイドを識別する基準なのである。この話はSFではあるが、「人間」であることの基準が道徳的感情であるということを五〇年前に示していたことが驚きであり、作者のディックが天才とよばれるゆえんでもある。

恥と罪悪感の発達

先ほど見たルイスのモデルによると、恥と罪悪感が生じるのは、共感よりも遅れ、二、三歳頃からだという。ちょうど自己の概念と社会規範が理解できる頃である。ダーウィン（Charles Robert Darwin）は、人間の認識の起源にも興味をもち、自身の子どもの観察記録を発表している。その中の「道徳観」という項目で自己意識的感情に触れている。

記録の中で、息子の道徳観の芽生えは生後一三カ月のときに生じたとある。「かわいそうなパパにキスしてくれないの、いけないね」と言われた子どもは、その後怒ったふりをして父親を叩き、キスをすると言って譲らなかったという。さらには、ジンジャーブレッドの最後の一かけらを妹にあげると「優しいドディー（自分のニックネーム）！」と言って自画自賛するということもあった。二歳七カ月のときには、不自然で気どった感じでダイニングルームから出てきた彼は、「粉砂糖を舐める」という、してはいけない行為をしていた。ダーウィンは「いままでどんな形にせよ息子を罰したことはなかったので彼の妙な態度は叱られるのを怖がってのことではないのは明らかで、良心と戦いながらも愉快な興奮状態にあったせいではないかと思う」と記している。このように、一、二歳の子どもが、何らかの社会的ルールに対して、誇り、恥、罪悪感を表出していることが鮮やかに描かれている。

恥と罪悪感は何が違うか

恥と罪悪感の違いは何だろうか。まず，特定の状況から恥または罪悪感が生まれるという関係性はないようである。つまり，同じ状況であっても，人によって恥を感じたり罪悪感を覚えたりする，ということである。一般に，恥は，自分の身体的特徴や能力などを否定的に評価し，かつ他者が自己を否定的に評価していると考えるときに生じる。そして罪悪感は，自分の行為を否定的に評価し，その行為が他者にどのように影響するのかを考えるときに生じる。たとえば，自分が何気なく言ったことに対して相手が不機嫌そうな顔をしたとき（他者を心理的に傷つけた場面と解釈するならば道徳違反である），単純化するならば，「自分の話す能力が低いから嫌われた，あるいは頭が悪いと思われた」と思うならば恥ずかしさ，「そのように話してしまって相手に迷惑をかけてしまった」と考えるならば罪悪感，ということになる。

また，恥が生じるのは身体や能力など，容易に変更することができないものに対してのことが多いので，隠蔽行為や一時的に他者を避けることが生じやすい。また，頭と視線を下げるという行動が一般的である。その一方，罪悪感は，他者への影響を考えるときに生まれるので，他者との関係を回復，維持させようとする行為につながるという。

ルース・ベネディクト（Ruth Benedict）の『菊と刀』の出版以来，日本人は罪悪感よりも恥を感じやすいという通説がある。これを実証するのは非常に難しいが，少なくとも，日本人が罪悪感自体を抱かないという証拠はない。幼児でさえも「しまった！」という気持ち」「謝りたいと思う気持ち」という表現を用いれば，罪悪感のこともわかるようだ。

子どもの恥と罪悪感の理解

二、三歳の子どもでも罪悪感と恥を感じるが、それを実証したのが次のような研究だ。この実験では、子どもを実験室によび、実験者がピエロ人形を幼児に紹介する。ピエロ人形はあらかじめ自然に足が外れるような細工がされており、どの幼児も遊びの最中に足がとれるという事故を経験することになる。実験者は部屋に戻り、一分間何も言わずに、外れた足を黙って見ている。その後、足が外れたことについてどう思っているかを質問し、続いて、はじめから壊れており足が外れたのは幼児のせいではないことを告げる。

「一分間何も言わずに」のところで、実験者に対して回避的行動（視線回避やあとずさり）を多く示した子どもは、人形を直そうと試みるまで時間がかかっており、一方、回避的行動をあまり示さなかった子どもは、人形を直そうとするまでの時間が早く、実験者にも比較的早く壊してしまったことを示した。さらに、日常どのくらい恥や罪悪感を子どもが示しているのかを親に報告してもらったところ、回避的行動をとる子どもは、日常的にも恥を感じやすいことが示された。これらの結果から、二歳頃にはすでに、恥と罪悪感が生じていること、および恥と罪悪感の生じやすさという個人差もあることがわかった。日本でも同様の研究が行われ、結果が追認されている。さらには、一年後の追跡調査により、個人差傾向はある程度安定したものであることも示されている。

さて次は、道徳的行動と関わる、とてつもなく「強い」感情について見てみよう。嫌悪感である。

4　嫌悪

じつは、『インサイド・ヘッド』の中に出てきた「ムカムカ」は嫌悪感情である。嫌悪はこのように生得的ともいえる、一次的感情である。嫌悪は本来、食物や肉の腐敗や病気を避ける感情であり、生命維持のためには絶対的に必要である。ナチスは、ユダヤ人の囚人たちにトイレを使わせず、ユダヤ人が公共の場で排泄をするように仕向けたという。その結果としてドイツ人はユダヤ人に嫌悪感を抱いたのだが、その反応はナチスによって仕組まれた当然の結果なのだ。

嫌悪が道徳と強く関係することを鮮やかに実証したのは、ハイトである。ハイトは、それまで道徳判断を中心として展開してきた道徳性発達の理論に真っ向から対立し、新機軸を打ち立てた革新者である。彼の理論の全体像は本書ではとうてい扱うことができないので、興味のある人は書籍『しあわせ仮説――古代の知恵と現代科学の知恵』『社会はなぜ左と右にわかれるのか――対立を超えるための道徳心理学』、さらにはＴＥＤの講演を参照していただきたい。

さて、ハイトの実験はこうだ。まず、実験参加者に、嫌悪感を覚えると予想されるストーリーを読ませた。

・きょうだいが合意の上で、妊娠の可能性もないような状態で、近親相姦を行った。
・車の事故で死んだイヌをその家族が食べた。

多くの人が、ちょっと気持ち悪い思いをする（ムカムカする）ようにつくられたストーリーであるが、特定の誰かが身体的、心理的に傷つくようには描写されていない。害悪が発生する状況ではないと実験参加者が考えることも確認されている。しかし、都市部の高学歴の参加者を除くと、実験参加者は、害悪が発生する状況ではないにもかかわらず、「これらの行為は文化を超えて悪い」と考えるようだ。

さらにハイトは、実験参加者が特定の用語を見ると嫌悪感を抱くように催眠術（！）をかけ、道徳違反のストーリーを読ませ、道徳判断の違いを調べている。その結果、その特定の単語を見た人は、その単語を見なかった人たちよりも、道徳違反をより悪いと判断した。

嫌悪感と道徳判断の関係を直接的に調べた研究もある。たとえば、散らかった机のあるところで、あるいは嫌悪を感じた体験について書いてもらったあとで道徳判断をさせると、全体的に他者の行為に対して道徳的に厳しくなるという。どの程度までの行為や状況なら嫌悪感を抱かないかというのにも個人差がある。嫌悪に敏感な人は、移民や外国人といった特定の他者に対して厳しい態度をとる傾向が強いという。

嫌悪感情の主要な機能は、対象から注意をそらそうとする、つまり避けようとするものである。したがって、嫌悪が対人関係で発現する場合、その対象を遠ざけようと、関わりをもたないようにしようと方向づけてしまう。いじめの理由に、事実であるかどうかはともかく、「臭い」「汚い」という表現がされることが多いのもこのためである。そして、対人関係上での嫌悪感は、体に関わることだけではなく、不道徳な行為、あるいは不道徳な行為を行った他者に対してわき起こることもある。「汚い行為」「汚らわしい振る舞い」という表現は、当然物理的な汚れではなく、不道徳な行為を指すことが多い。さらに我々は、不道徳な行為は他者に嫌悪感を与える、ということも知っている。したがって、他者が嫌悪感を抱いているかどうかについて、非常に敏感である。

嫌悪感の発達研究は乏しい。幼児が他者の感情をどのように理解するのかを調べた研究は多いが、その中で嫌悪感を扱うものは非常に限られているし、正確に嫌悪感を測定することも難しい。たとえば、日本で行われた研究では、道徳的な逸脱行為を幼児に話して、そのときに主人公が「嬉しい」「普通」「嫌な気持ち」のどれになるかを選ばせている。この研究では、五、六歳の幼児でも「嫌な気持ち」を選択できるようだ。しかし、悲しみ、怒り、嫌悪、そして罪悪感はすべて「ネガティブな感情」としてひとくくりにできるので、幼児がこれらの「ネガティブな感情」を大人と同じようにきちんと区別しているのかについては、解明されているとは言い難い。さて、最後は、道徳的感情の最も明るい側面、感謝について考えてみよう。

5 感謝

『鶴の恩返し』『ぶんぶく茶釜』など、昔話は恩返しの宝庫だ。他者からしてもらったことに感謝して、その後お礼をする。感謝とは、自分以外の人から利益を受けたことを意識した際に生じ、基本的にはポジティブな内容の感情として経験される感情である。ある研究によると、感謝が生じる場面は、援助を受ける状況、特に困っていないときに他者から何かをもらったり、してもらったりする状況、間接的に支援を受ける状況、個人を取り巻く状態が好転する状況、一見個人を取り巻く状態に変化のない状況（外から小鳥のさえずりが聞こえてきたという平穏な状況）という五つに分かれるという。

感謝の社会的機能は、他者のためになる行動（利他的行動）と関係するということだ。感謝の心をもつことが本人の利他的行動を促進し、かつ感謝を他者に対して表すことが、他者のためになる行動、つまり利他的行動を引き出す。また、利他的行動をしたことに対して、相手から感謝を示されると、自分の行動に自信をもち、さらに同じ行動（利他的行動）をとるようになるという、良い循環が生じるようだ。これは、有効な対人関係を築くことにつながるだろう。実際、小学生を対象とした研究から、「感謝心尺度」の得点が高い子どもほど、共感性が高く、友人との関係も良好で、攻撃性が低いことが示されている。

なお、日本人は、感謝の中に一抹の「申し訳なさ」をもつという特徴があるようだ。般に日本人は、欧米人よりも、感情の面で複雑であることが多い。たとえば、援助を受けたとき、日本人は肯定的な感情（たとえば、嬉しいという感情）が強いほど、同時に否定的な感情（たとえば、申し訳ないという感情）が強くなるという。「ありがとう」と「すみません」が同時に生じるというように理解しても良いかもしれない。

残念ながら、子どもを対象とした感謝の研究は非常に乏しく、他の感情の研究のように、子どもがいつから感謝の気持ちをもつのか、どのような働きかけが感謝と関係するのかなどの実証的証拠はほとんどない。日本の学校の道徳の時間において、感謝の気持ちをもつことが重視されていることを考えるとまことに奇妙な現象ではあるが、実証研究の少なさは、測定が難しい複雑な感情であることの裏返しでもある。

6　感情の理解を支えるコミュニケーション

一次的感情は生得的なものと想定されているが、罪悪感や感謝などの道徳的感情は、年齢を重ねれば自然と身につくものというわけでもない。子どもの認知的な発達、自己の発達に支えられ、社会のあらゆるところに存在する学びの機会を通して、子どもは道徳的感情を自分の中に取り込んでいくと思われる。

生まれてすぐに始まる親子間のコミュニケーションの中に、すでに感情的なやりとりは含まれている。子どもが生得的に有する喜びや悲しみといった感情は、最初は無自覚である。養育者が共感的に喜び、悲しむといった様子を、まるで鏡を見るように赤ちゃんが体験することから、自覚するようになっていくのである。たとえば微笑ですらも、生まれたばかりの赤ちゃんが何にでもほほえみかけるのに対し、生後三カ月くらいになると養育者とのやりとりで笑うようになっていく。このように、赤ちゃんの笑いは、養育者が自分に注目し、養育者とのやりとりを増加させる機能へと変化していく。物理的には「口のまわりの筋肉が動く」現象ではあるが、社会的なやりとりの中で意味が変化していく、心理現象である。

二次的感情も他者とのやりとりの中で獲得される。ルールを理解することと、自分の行為を評価できるという、認知的な最低限の能力が身につく頃、ルール違反をしてしまった場合にネガティブな感情が伴うということ自体の理解は、他者とのやりとりの中で自覚される。「お母さん恥ずかしいわ!」「先生はごめんなさいという気持ちになるよ」というように、身近な大人と道徳的感情を共有することから、染み込むように体験的に理解していくと考えらえる。しつけのタイプと罪悪感・恥に関係があるとする研究結果があるのも、納得がいくであろう。

本章のまとめ

本章は、感情の側面から、道徳性の発達について見てきた。感情は必ずしも我々の理性を妨げる邪魔者ではない。むしろ、社会的な機能をもつ、道徳的な行動にとって必要なものである。道徳的感情といわれるいくつかの感情は成長とともに、進化的な必然性をもちつつも、他者とのやりとりを通して発達していく。なお、嫌悪や復讐心のようなネガティブな感情があるからこそ、社会の中で規範が維持されるのだということを忘れてはならないだろう。

多くの心理学者が、二一世紀の新しい方向性として感情研究を挙げている。道徳性心理学においても例外ではない。もちろん、共感や同情など、一部の感情は古くから注目されてきた。しかし、現在は、感情の機能そのものに対する認識が刷新されつつある。道徳性心理学においても、感情は道徳性の補助的な役割をもつものでも、道徳的認知の邪魔をするものでもないという認識が共有されつつある。感情という精神機能が、我々の行動や認知とどのように関わるのかを解明する研究は、始まったばかりである。

『インサイド・ヘッド』の中で、ライリーの心の中はまるで宇宙船のコクピットのように描かれていた。目はコクピットの窓、感情はコントロールパネルを操作する。思考と人格もまたライリーの心の「中」に存在していた。

しかし、人間の行動を考えるときに、それがどれほど精密に描かれていたとしても、心の「中」だけに注目するのでは不十分である。道徳は集団の中で共有されるからこそ機能するものゆえに、集団自体にも目を向けなければならない。次章では、この「集団」という「外」の側面に斬り込もう。

第5章　仲間意識の檻の中

少数であるとはいえ、われわれしあわせな少数は兄弟の一団だ。
――『ヘンリー五世』第四幕第三場より

「みんなちがって、みんないい」「世界に一つだけの花」など、他者の多様性と個人の独自性を賛美する言葉はたくさんある。誰もが、一人ひとりがかけがえのない存在であり、それぞれ個性をもっているということを、頭では理解している。

しかし、我々は「アメリカ人」「埼玉県民」「女性」「おじさんたち」など、特定のカテゴリーに属する人々をまとめて表現し、「それらの人々」が特定の特徴をもつと考えることもある。さらに、自分の属する集団やコミュニティを大切にするあまり、「それらの人々」を邪険に扱ってしまうこともある。

第2章で、ルールを考えるときには、文化を超えたものか特定の社会や状況に特有のものかという、適用範囲を定める必要があることを述べた。じつはこの範囲という、見えない線引きが、我々の道徳判断や道徳的行動をやっかいにする。この章では、見えない線引きによりつくられる仲間集団という観点から、道徳について考えてみよう。

1　助け合いの志向性

七〇以上の言語に翻訳され、シリーズ累計四億五〇〇〇万部以上を売り上げ、映画化もされたファンタジー小説『ハリー・ポッター』の魅力の一つは、主人公ハリーが入学する魔法魔術学校の生活の様子が生き生きと描かれていることだ。新入生は、組み分け帽子という魔法アイテムによって、四つの寮に割り振られる。小説の中の学校生活はこの組み分けられた寮を中心に展開していく。さらに、個人の学業やスポーツの成績、普段の行いなどは「寮全体の得点」として加点または減点され、年度末には最優秀の寮が表彰される。同じ寮の仲間同士が団結する一方、寮同士のいがみ合いがエスカレートする。

我々が、所属する集団に愛着をもち、他の集団と競い合うのは、あらゆる年代、文化で見られる現象である。では我々の、他者に対する思いやりや優しさというものは、自分の所属しない外集団に対しては向けられないものなのだろうか。

　人間はそもそも利他的だ。ここ数十年の発達心理学の研究成果は、子どもが生まれながらに共感的であり、他者を助けようという傾向性があることを示している。利他性が進化的な起源をもつことは、援助行動が霊長類にも見られるということから見て取れる。もちろん、子どもの認知能力や運動能力の未熟さにより、その共感的な志向性が道徳的行動につながるとは限らない。

　トマセロたちの研究グループはいくつかの巧妙な実験によって、子どものこれらの共感的で援助的な特徴を鮮やかに示した。たとえば、一歳代の幼児は、実験室ではじめて会った大人にさえも、大人の手が届かないものをとってあげる、戸棚の扉を開けてあげるなどの、親切行動をする。子どもがたんに「ものを拾ったり扉を開けるのが好き」という可能性を排除するために、実験では、大人がわざとものを放り投げたり、扉を開けるつもりがない状況もつくっている。その場合、子どもは特に何もしなかった。

　生まれながらに他者を助けようとする傾向性があるという仮定が立てられるのは、これらの子どもの行動が、ごほうびを期待しているわけではないからだ。トマセロの実験では、子どもたちはほめ言葉やプレゼントなどの報酬をもらっていない。あくまで自発的な行動なのだ。また、やはり同じトマセロたちのグループの研究では、親切行動のあとにごほうびを与えられる子どもと、与えられない子どもの様子を比較している。ごほうび群の子どもたちは、援助行動をするたびに、ちょっとしたおもちゃをもらう。その一方、ごほうびなし群の子どもたちは、特に何ももらえなかった。その後さらに援助行動をするかどうかを比較してみると、ごほうび群の子どもたちは、ごほうびなし群の子どもたちよりも、援助行動をしなくなったという。

これは、学習心理学の領域で見られる、アンダー・マイニング現象と同様のものである。たとえば、自発的にお絵描きを楽しんでいた幼児に、「お絵描きをするとごほうびをあげるよ」というように、行動に報酬を伴わせてしまうと、ごほうびのない状況になると、あれほどお絵描きが好きだった子どもがお絵描きをしなくなってしまうという現象である。行動のモチベーションが行動それ自体にある「内発的動機づけ」が、モチベーションが外的な報酬に基づく「外発的動機づけ」にスイッチしてしまったのだ。トマセロらの実験は、小さい頃から他者を助ける行動をする傾向があるのに、その行動に外的な報酬が伴うことによって、「外発的動機づけ」に変わってしまったために援助行動をしなくなったと解釈可能である。ごほうびがないほうが、人間は利他的な面があるのだ。

しかし、我々はあらゆる人に対して無差別的に思いやりの心を向けるわけではない。第1章と第3章で見たように、我々は他者が善い人かどうかに敏感であり、「悪い人」にまで思いやりの恩恵を与えたりはしない。善い人が得をし、善い人同士が助け合うのは、社会の発展のためには望ましい。ただ、この章で問題にしたい区別は、善い人か悪い人かではなく、「自分たち」か「他の人たち」かである。

2 区別をする傾向性とカテゴリー分け

そもそもいつから我々は、自分たちの集団と他の集団を区別するのだろうか。生まれたばかりの子どもでさえも、母親と見知らぬ女性を区別できるし、母親が話す言語のほうを、はじめて聞く外国語よりもよく聞こうとする。さらに赤ちゃんは、肌の色によって人間を区別することができる。白人の赤ちゃんは、それ以外の人種よりも、同じ白人の顔を長く見るという。なお、民族的に多様な環境で育つ赤ちゃんは特定の人種を長く見ることがないので、この人種の好みは学習されたものと考えられる。我々は区別をする傾向性が備わっているが、具体的な区別の基準は環境および文化がつくり上げるのだ。

我々は、物事をカテゴリーやグループに分けて理解する傾向がある。カテゴリーに分けるということは、あるものをまとめ、別のものと区別するという意味がある。それはどのようなメリットがあるのだろうか。パーティで大勢の人に会ったとき、個別に名前を覚えるより、出身地や所属の会社などを聞いたうえで、グルーピングして覚えたほうが効率的である。幼児でさえも、複数の項目を記憶する課題のとき、たとえば「遠足にもっていくもの」と思って覚えたほうが、より多く記憶できる。

無意識に行われるカテゴリー分けを調べるために、記憶するときに用いられるカテゴリーを探る方法を紹介しよう。たとえば、男女、異なる年齢群、異なる人種などが含まれた集団の話し合い場面について、「これこれこのような話をした人は誰か」と問う。よほど印象深い内容でない限り逐一覚えてはいない。しかし、「誰だかわからないが、女性が話した」など、特定のカテゴリーの人が話したかどうかは覚えやすい。無意識のうちに特定のカテゴリーを使って記憶するからだ。実験の結果、日本人は、誤答の場合も話者の年齢が高い人か低い人かのカテゴリーは正しい場合が多いが、イタリア人の正答率は話者の年齢が高いか低いかと無関係であった。つまり、日本人は、無意識のうちに人間を年齢層でカテゴリー分けしているようだ。

本来、区別自体は偏見ではない。しかし、人間の一般的な傾向として、自分を肯定したい気持ちがある以上、自分の所属するグループが良いグループであってほしいと思うものだ。また、それぞれのグループに社会的評価が付随していることもある。分けて理解するという人間の認知の特有の現象が、自己評価や社会的評価と結びつくとき、偏見や排除という、ネガティブな事柄につながってしまうこともある。

内集団への歪んだ意識

すべての人が平等に仲良くなることは、不可能だ。グループの中でも必ずより親しい人同士の仲間ができあがる。もしかすると二人だけのより親密な関係が生まれるかもしれない。しかしここで問題にしたいのは、「私たち」と「あいつら」という、自分たちと異なるグループのことだ。前者は内集団、後者は外集団とよばれる。

『ハリー・ポッター』に出てくる四つの寮は、それぞれがユニークな特徴をもっており、それにかなう生徒が入寮するという設定だ。その中の一つ「スリザリン」という寮は、最も多く闇の魔法使いを生んでしまったという理由もあり、陰険なイメージがあり、他の三つの寮から嫌われている。小説のキャラクターたちも、そして読者も、「スリザリン」をそのイメージでとらえ、おそらく実際にはいろいろな子どもたちがいるにもかかわらず、全体の傾向としてまとめて理解してしまう。

なぜ、全体としてまとめて理解してしまうのかというと、前節で紹介したように、カテゴリー化はたいそう効率の良い情報処理の方法だからだ。しかし、ときに不合理な情報処理をしてしまう。いくらスリザリン寮出身の闇の魔法使いが多いからといっても、確率的には普通の魔法使いになる人のほうが多いだろう。数人陰険な人がいるからといって全員が陰険ではないはずだ。冷静になって考えてみれば当然なのに、直感的に不合理な判断をしてしまう。このような間違いは、ヒューリスティクス（簡略化されたプロセスを経て結論を得る方法）の一つ、代表性バイアスである。

代表性バイアスは、特定のカテゴリーに典型的な事柄の生起確率を過大に評価してしまう認知の歪みである。我々はしばしば、外集団に対していいかげんな確率計算をしてしまう。自分の所属する集団（内集団）にはさまざまな個性豊かなメンバーがいると思う一方で、外集団には同じようなタイプの人ばかりがいると思ってしまうというように。

内集団と外集団を分ける典型的な基準は人種だ。欧米では、子どもの人種的偏見についての研究は多い。三歳くらいの子どもは、大人より子ども、異性より同性、同じ言葉をしゃべらない人より同じ言葉をしゃべる人から物をもらおうとし、遊ぼうとする。幼い子どもがこのような単純な場面で自分に似た人を選ぶのは、接触量が多いものにポジティブな感情をもつという効果を考えれば、納得できる結果だ。じつは、人種を区別し、さらに自分と異なる人種に否定的な評価を下すのは、もう少し大きくなってからである。人種的偏見の研究は、白い肌の人形と黒い肌の人形を見せて子どもに「どっちの子がきれい？」と聞く単純なものから始まり、白人の子どもと黒人の子どもの写真を見せて「どちらが親切な子どもでしょうか」と聞くというものまで開発されてきた。しかしこのような二者択一では、「両方ともきれい」「どちらも親切な子」という選択ができない。そこで、いかようにも解釈可能なあいまいな場面を用いて、子どもたちに「説明」させる課題も開発された。その結果、六歳くらいの子どもは、特に強要されていないのにわざわざ人種について触れ、あいまいな場面では自分とは異なる人種の子どもがより悪いことをしていると解釈をした。

内集団びいきは必然なのか？

だがこの結果は、環境に大きく左右される。なぜなら、多文化の学校の子どもたちには人種的偏見があまり見られないからだ。さまざまな研究の結果を総合的に判断すると、偏見低減の最も重要な要因は、多様な集団との接触であることがわかってきた。多様な民族が通う学校の子どもは自分とは異なる人種への偏見が低い、という研究は、枚挙にいとまがない。

日本に特有のグループ分けとして、血液型がある。血液型によって性格が異なるという非科学的な信念は根強く、血液型情報が入社面接や保育園のクラス分けにも使われるというニュースを見聞きした人も多いだろう。どうやらB型とAB型が相対的に「悪い」血液型と見られているようだ。血液型は、環境によってつくられた人種的差別と同様、日本の環境がつくり出した、人工的なグループ分け、そして偏見である。

人種も性別も、そして血液型すらも、少なくともある程度客観的に分けられる基準なのだから、環境の影響はあるにせよ、分かれるべくして分かれたのだという反論もありうるかもしれない。少なくとも、有名な「シェリフの研究」のサマーキャンプのように、数週間を共にすごすことによって集団の一体感が高まり、別のグループへの敵対心が高まるのも当然かもしれない。『ハリー・ポッター』の寮同士の反目ほど激しくないにせよ、小学校の運動会でグループ分けをして競い合うのはよくあることだ。

興味深いのは、くじびきやシールの好みという、ささいな条件、かつ即席でつくられたグループでさえも、場合によって他グループへの敵対心や偏見が生じることだ。たとえば、幼児や小学生を対象とした実験において、くじびきなどでチーム分けをする。場合によっては、全員が同じチームになるよう細工されている。その後、ゲームで得たお菓子を、同じチームと他のチームのメンバー（どちらも架空のメンバー）にどの程度分け与えるか、それぞれのメンバーをどの程度好きかを聞くと、自分と同じチームのメンバーをひいきするという。これは、内集団の選好と外集団への対抗心の表れと解釈することが可能であろう。

4 排除と仲間意識

『ハリー・ポッター』が描く世界は、子どもたちにとってリアリティがあるといわれる。魔法世界という架空の設定であるにもかかわらず、いじめも描写されている。主人公のハリーは、尊敬する父親が、学生時代はいじめの加害者だったということを知り衝撃を受ける。

ハリーが見た父親のいじめは、いじめられっ子を逆さ吊りにするというような身体的暴力であったが、仲間はずれもまた典型的ないじめである。仲間はずれにされた子どもが長期にわたり精神的、学業的に非常にダメージを受けることはよく知られている。しかし、仲間はずれをする加害者の心理については、最近まで注目されていなかった。

仲間はずれが正当化されるとき

キーレンは、一連の研究から、子どもたちは仲間はずれを抽象的には「悪い」と考えているものの、状況によっては「仲間はずれは正しい」と考えることを示した。仲間はずれは、良い悪いで分けられるような単純なものではなく、慣習的な問題、仲間からのプレッシャーなどの複数の要因が絡む、複合的な思考を要求するのである。ただし、非常におおまかにまとめてしまえば、排除をよしとする場合は、グループのまとまりやステレオタイプなどの慣習的な問題を理由にし、排除が悪いと考える場合は、不公平であるなどの道徳的な原理を理由にするのである。

たとえば、幼児でも、「入れて」と言ってきた子どもを遊び仲間に入れないことは道徳的に悪いと理解している。しかし、女の子特有の遊び（たとえば人形遊び）に男児が、あるいは逆に男の子に特有の遊び（たとえばトラック遊び）に女の子が参入を求めてくるとき、ジェンダー・ステレオタイプに基づいて、仲間入りを拒否する。これは、主人公グループに、男の子と女の子が同時に「入れて」と言う状況で見られる。

思春期以降の子どもたちにとって、仲間集団は非常に重要になってくる。この世代に特徴的なチャムグループとよばれる親友関係は、それまでのどちらかというと行動のレベルでの共通性を重視した友達関係から、心理的なつながりを重視した友達関係への変化により生じる。大人になって思い出すとてれくさくなるほど、中学生は、友人たちとの類似性と異質性に敏感だ。グループ内の斉一性を求め、他グループには排他的であることが多い。他者との比較や同一視を通して自己のアイデンティティを模索する時期でもあるからだ。単純に結論づけることはできないが、小学校高学年から中学生にかけてもいじめが頻発することと、この時期特有の友人関係に何かしらの関係があるという研究者も多い。

キーレンたちのグループは、シャイな子、暴力的な子など、さまざまな性格の子どもを、自分たちの仲間集団に入れるか、あるいは遊びに行くとき誘わないかなど、仲間はずれをするかどうか、それはどの程度悪いことかを聞いている。興味深いのは、小学生は仲間はずれを悪いと判断するが、仲間はずれにされた子どもも性格を変えるべきであると考える傾向が強いことだ。他者のありのままの姿をそのまま受け入れるわけではないのだ。高校生から大学生になると、多様な個性を尊重したうえで、仲間はずれは悪いことだと考えるようになる。

筆者は、キーレンたちの研究をもとに、日本の小学生、中学生、高校生、大学生を対象に、仲間はずれが是認される条件とその理由を調べた。用意した状況は暴力をふるう子、手づかみで食事をする子、黄色い服を着る子、気が合わない子、髪を緑に染めている子、の五種類である。集団は、遊び仲間グループと学校の班という、個人的な集団と公的な集団の二種類を用意し、商店街に遊びに行くとき誘わない、あるいは調べ学習に連れていかない、ということについて判断を求めた。そうすると、キーレンの研究と非常によく似た結果となった。小学生はこれらの仲間はずれにされた子どもが「変わるべき」と考えていた。また、小学生は、「いじめはよくない」「仲間はずれはかわいそう」というような、道徳的な原理をもち出し、中学生になると、集団内の調和や班の目的のために排除を正当化する回答が増えていた。小学生は、一見寛容に見えるが、原理原則で考えていること、他者のありのままを受け入れないということから、高校生や大学生のもつ柔軟性とは異なることが見て取れる。さらに、集団志向性や集団斉一性への志向性が高い人ほど、仲間はずれを認める傾向があることも示された。

移民が多く、民族間の対立が問題となるヨーロッパと北米で、人種による仲間はずれの研究は多い。人種による仲間はずれは、どうやら、既存の社会的評価に強く影響されるようだ。たとえば、一〇歳前後のアフリカ系アメリカ人とヨーロッパ系アメリカ人の子どもたちの仲間関係を調べたところ、クラスの中でアフリカ系アメリカ人の生徒が少なく、かつ同じ民族同士で友人関係をもつと、多数派のヨーロッパ系アメリカ人からよく思われない。その一方、ヨーロッパ系アメリカ人が少数派になったときは同じクラスの生徒から悪くは思われないようだ。先に述べたように、排除が正当化されるときは、道徳的な問題ではなく、慣習的な問題として扱われる。たとえば、多数派は少数派を排除するときに集団のアイデンティティや伝統を理由にし、少数派は排除を道徳的な理由からよくないと考える、というように。

加害者の気持ちの推測

さらに、排除をしたときにどのような気持ちになるかを聞く研究では、中学生になると、物語の中で排除をした主人公に肯定的な感情を帰属する人が多くなる。じつは、道徳的な違反をしたあとにどのような感情を抱くかについては、ハッピー・ヴィクティマイザー現象とよばれる一連の研究がある。次のストーリーを読んでみよう。

Aくんがブランコに乗っていました。Bくんはブランコに乗りたいなあと思いました。そこで、Aくんをブランコから突き落としました。突き落とされたAくんは痛いよう、といって泣いています。Bくんはブランコに乗っています。Bくんはどんな気持ちがするでしょうか？

そもそも「ブランコから突き落とす」ことが悪いことだと認識していなければこの話は意味をなさないが、ほぼ一〇〇パーセントの幼児が「絶対悪い！」「しちゃだめ！」と言う。それこそ顔を真っ赤にして絶対的な悪であると主張する。暴力が悪いことであるとわかっているならば、そして目の前で子どもが泣いているならば、主人公は「悪いことしちゃったなあ」と思うのではないか、というのが人情だ。実際、大人に対して「このような状況で子どもは加害者がどのような気持ちになると思うでしょうか」と問うた研究があるが、多くの大人は子どもが「加害者がネガティブな感情になる」と考えるだろう、と予想するそうだ。しかし、八、九歳より下の年齢の子どもは、このような状況で「主人公は嬉しい気持ちになる」と言うのである。加害者が嬉しい気持ちになると子どもが予想するので、ハッピー・ヴィクティマイザー（幸せな加害者）現象とよばれるのである。

なぜ幼児と小学低学年がこのような反応をするかというと、最大の原因は認知能力の限界にある。欲求が満たされたときに嬉しい気持ちになるというのは、大変わかりやすい。これを仮に「欲求‐感情」モデルと名づけよう。その一方で、他者が泣いているのを見るとかわいそうに思う、悲しい気持ちになるということも幼児は理解している。しかし、同じストーリーの中で嬉しい気持ちと悲しい気持ちの両方が生じる場合、その二つを比較するのは幼児には負担だ。「欲求が満たされたら嬉しい、満たされなかったら悲しい」というわかりやすい考え方にのみ注目してしまい、加害者がそれ以外の気持ちを抱くかもしれないという可能性に気づくのは難しい。児童期中期以降になると、「しまった！という気持ちになる」、あるいは「ブランコに乗れて嬉しいが、ちょっと悪いなあという気持ちになる」という回答が出てくる。

しかし、仲間はずれの場面では、中学生以上になるとむしろハッピー・ヴィクティマイザーが増加する。筆者が実施した小学生から大学生までを対象とした、仲間はずれをしたときの気持ちを推測させた研究でも、加害者がポジティブな気持ちになると答える人が多かった。人種の排除の研究でも同様である。たとえば、スイスの青年を対象とした調査で、スイスでは少数派のセルビアの青年は、自分たちが排除されるとき、人種的多数派の人たちは悲しむのではなく誇りにさえ思っているだろうと予想している。

なお、ハッピー・ヴィクティマイザーの研究は、加害者や排除者が「実際に」どのような感情をもつかということを探っているのではない。そのような人にどのような感情を帰属するのか、ということが重要なのだ。

5 偏見と排除のデメリット

なぜ偏見と排除はよくないのだろうか。道徳的に悪いことだから、というのは答えになっていない。もちろん、少数派のデメリットは計りしれないものがあるが、デメリットばかり強調しても「それならば多数派になれば良い」という結論になるかもしれない。しかし、偏見やステレオタイプをもち、排除をするということが、社会にも個人にもデメリットがあるかもしれない。ステレオタイプとは、社会的カテゴリーや集団に属する人に対してもつ、固定化されたイメージのことである。ステレオタイプについて理解するために、次の文章を見てみよう。

ドクタースミスは、アメリカのコロラド州立病院に勤務する腕利きの外科医。仕事中は、つねに冷静沈着、大胆かつ慎重で、州知事にまで信望が厚い。ドクタースミスが夜勤をしていたある日、緊急外来の電話が鳴った。交通事故のけが人を搬送するので執刀してほしいという。父親が息子と一緒にドライブ中、ハンドル操作を誤り谷へ転落、車は大破、父親は即死、子どもは重体だと救急隊員は告げた。二〇分後、重体の子どもが病院に運び込まれた。その顔を見て、ドクタースミスはアッと驚き、茫然喪失となった。その子は、ドクタースミスの息子だったのだ。

問い：ドクタースミス、重体の子ども、即死した父親の関係は？

この問いを大学の講義で紹介することがある。ジェンダーに対するステレオタイプが変化しており、「ひっかからない」学生が多くなってきたが、それでも一定の割合で「父親とドクタースミスはゲイカップルだったから」「ドクタースミスは本当は祖父なのだが、遺産分与の問題で戸籍上は孫を息子としている」のような、その想像力のたくましさに驚嘆するほどのストーリーをつくり上げる人が存在する。少なくとも、数秒考えないと「ドクタースミスは息子の母親だった」ことがわからないならば、「冷静沈着で腕利きの外科医は男性」というステレオタイプをもっているのかもしれない。

このように、偏見やステレオタイプは、我々の思考の柔軟性を阻害することもあるのだ。新規事業など、何か新しいことを考えるとき、この種の柔軟さに欠ける思考が足枷になることも多い。また、ステレオタイプに凝り固まっている人は、はたして他者から好かれるだろうか？

偏見をなくし他者を受け入れるということは、人間社会にとってさまざまな恩恵がある。まず、多様性は、集団の発展につながるという意義がある。多様な意見と個性をもった人々からなる集団のほうが、よりよい社会を築き上げられる確率が高まる。個人にとっても、対人ネットワークが拡大するというメリットがある。どんな人でも受け入れる態度をもつ人のほうが、さまざまな人々と交流できる機会が拡大し、そのネットワークを通して利得を得る可能性も高まる。成人を対象としたある研究では、自分と意見の異なる人に対する寛容性と、迷惑行為をする人に対する寛容性の高い人が、どの程度友人や知人をもっているのかを調べている。その結果、寛容な人ほど知人が多いことは当然としても、「手助けや手伝いをしてくれる人」という協調的な知人も多かった。サポーティブな人間関係を築く可能性につながるのである。

いやしかし、いったん多数派になったならば、その恩恵をできるだけ守ろうとするほうが良いのではないか。たしかに、短期的には、多数派が地位と報酬を独占するように見える。しかし、多数派の条件は固定的ではない。いつ自分や子孫が少数派になるかわからない。そのときに、特定のタイプの人たちだけが恩恵を被る社会システムよりも、多様な人々にチャンスがある社会システムのほうが、つまり公平で平等な社会のほうが、長期的には満足を得られる可能性が高いのである。

これらの考えは、内集団への愛着を否定するものではない。それぞれの人にとって居心地の良い、アイデンティティのもととなるような、「自分たち」という仲間は重要である。ただその集団が、極端に排他的で、固定的な場合、そして本人がステレオタイプに凝り固まっているとき、何かを失ってはいないだろうか？

6 異論への寛容性

排除は、性格や人種だけではなく、意見や信念が異なる場合にも生じる。典型的な例は宗教的信念と政治的信念であり、多様な宗教が共存するコミュニティでは切迫した問題である。日本の教育現場でも、外国籍をもつ子どもや、帰国子女の子どもをめぐって、さまざまな問題が生じており、けっして遠い世界の問題ではない。我々は、日常的に何らかの意味で自分とは異なる他者と出会う。国籍や宗教が違う他者以上に、一見同じように見える人同士だからこそ、日常で出会う異質性には気づきにくく、また、認めにくい、という問題がひそんでいるかもしれない。

寛容は、道徳的な問題と抵触するときに、最も難しい問題となる。個人的な好みの問題であれば、さほど問題にはならない。しかし、その信念や行動が、道徳的に正しくない（と思われる、あるいは、そのように見える）ものならどうだろうか。それでも、そのような人、行動、思想を、「認める」ことが正しいのだろうか。

自分と異なる意見に対する寛容性は、どのように発達するのだろうか。たとえば、ある研究では子どもたち自身と異なる意見や好みの異なる他者についての態度を聞かれ、年齢が上がるにつれ、不寛容な態度から、自分と異なる意見をもつ他者に寛容になるという変化が明らかになった。しかし、この研究では、食べ物の好みのような個人的な問題と、捕鯨のような社会的に議論のある問題が同じ「異なる意見」として同列に扱われているという問題がある。本来寛容は、その信念のタイプによって異なってくるため、単純な発達段階を想定しにくいのだ。

寛容性に関する研究の知見をまとめると、判断する個人が道徳的な問題と考えているかどうかが、その信念を受容するかどうかのポイントとなるようだ。たとえば、オランダの研究では、イスラム教徒の特徴や行為を、普遍的に悪く他者に迷惑をかける道徳的な問題のある行為としてとらえるのではなく、個人的な信念に基づく行動としてとらえる場合に、それらに対する寛容性が高まったという。

幼児には、また別の問題が生じる。異論に対して寛容であるかどうかの前に、そもそも他者が異論をもつということ自体の理解が難しいのである。第1章で紹介したように、心の理論の発達に伴い、他者が自分と異なる信念をもつということを理解できるようになる。しかし、あらゆる種類の異論に対して同じように理解できるというわけではない。常識的なこと、大多数の人が信じていること、不道徳な内容について、それを信じるべきであるかどうかではなく、「そういう信念を人間がもつことが可能か」ということの理解が困難だ。さらには、信じている人と信じていない人の両方が存在する、ということの理解も難しい。

筆者はこれらの問題意識に基づき、幼児と小学低学年の子どもを対象に実験を行った。野菜の好みなら、幼児でもある程度「にんじんをおいしいと思う人とピーマンをおいしいと思う人がいる」こともわかる。しかし、小学三年生になっても「アイスクリームをおいしいと思う人とおいしくないと思う人」「他の子を殴ってもいいと思う人といけないと思う人」「鉛筆が宙に浮かぶと思う人と思わない人」など、常識や道徳的信念からかけ離れた事柄だと、「そういうことを信じることもできる」ことの理解が難しいのだ。実験なので極端な状況を提示してはいるが、重要な点は、真に寛容が問題になるのは少数の人しか信じていない、理解できないという内容においてであることを強調したい。

7 教育の可能性

本章で繰り返し述べたように、区別することは我々の認知的な活動のために必要であり、人間を区別することは自然な行為だ。それが問題となるのは、偏見やステレオタイプ、排除と結びつくときだ。そして、それらは環境に大きく影響されるという知見は重要だ。その際のポイントを二つだけあげてみよう。

まず、繰り返しになるが、多様な人々との接触経験により、偏見が少なくなり、寛容性が高まるということだ。特に、多様なタイプの人と友人になることが最も効果があるといわれている。

次に、自分の認知、特に無意識的な認知に注意を払うことの重要性だ。代表性バイアスなどの直感的な思考は自動的に生じるので、コントロールをするのは難しい。しかし、一般にどのようなバイアスが生じやすいのかを理解することでずいぶん改善する。たとえば「女性のほうが子育ての適性がある」という信念があったとしよう。自分はなぜそのような信念をもっているのだろうか。なおこれは、その信念が良いか悪いかの問題と誤解しないでほしい。信念がつくられたルーツを探る旅とでも思ってほしい。たんに自分の母親という一つのサンプルを女性グループ全体に拡張しているだけなのだろうか（ヒューリスティクスの観点から考えてみよう）。それとも、女性は生物学的に家庭的であるという「事実についての信念」をもっているからだろうか（第２章で紹介した、社会的領域理論の点から考えてみよう）。なんとなく常識としてとらえて、深く考えていなかった事柄も、突き詰めてみると、根拠なく信じていたことに気づくかもしれない。なお、人種的偏見が幼児期に成立するという知見から、教育的な介入はできるだけ早期が望ましいことは言うまでもない。

本章のまとめ

仲間は大切だ。自分の成長につながる。協力してことにあたると自分一人でできなかったことをも成し遂げられる。何より楽しい。しかし、人間は区別をするし、すべての人と平等に仲良くすることは不可能だ。自分の仲間を大切にすること自体は悪いことではない。ただし、他者に対して不寛容で、偏見をもつことには、デメリットもある。お堅いお題目として寛容性が必要なのではなく、寛容は自分の人生を豊かにするからだ。

さて、本章で扱った仲間集団とは、三〇人からせいぜい一五〇人程度を想定している。ハリーの通う魔法魔術学校の一学年の人数も一〇〇人程度だそうだ。なお、人間が一人ひとりを個人として認識できる限界は一五〇人程度だという説もある。だが、人間社会はもっと大勢の人数の集団をつくる。五〇〇人や一〇〇〇人どころか、数十万人という規模の集団のメンバーが、自分たちを「同一集団」と認識していることがある。次の章では一五〇人を超えた大集団に関わる道徳的問題を考えていこう。

第6章　権利権利で夜も眠れず

それは私がシーザーを愛さなかったためではない、それ以上にローマを愛したためであると。

――『ジュリアス・シーザー』第三幕第二場より

ホモ・サピエンスが地球上に領地を拡大していく以前、ネアンデルタール人などの他の人類種が存在していたことはよく知られている。ネアンデルタール人は知能も高く、平和な社会を築いていたという。なぜホモ・サピエンスは他の人類種に代わり地球上で唯一の人類となったのだろうか。最も有力な説の一つは、ホモ・サピエンスが架空の事物について語る能力を得たこと、つまり抽象的な概念を理解できることにあるという。

抽象的な概念は、一度も会ったことのない人同士でも、同じ信条や信念のもと、あるいは工や神への忠誠心のもと、人々を集団としてまとめる力をもつ。数十や数百人の単位でのチームとそれらを束ねるさらに大きな集団が成立し、共通の目的に従って組織的な行動が可能になる。戦いでいえば、編隊をつくって多方面から攻撃することができるのである。抽象的な概念がないならば、顔見知りの身近な人間関係からなる集団しか形成できない。ホモ・サピエンスは、数百人、数千人単位の集団による組織的行動によって、大規模集団を形成することができないネアンデルタール人などの他の人類種を滅ぼしたという説が有力だ。

この章では、身近な人間関係を超えた、巨大な集団における道徳性について考えていく。

1 身近な人間関係を超えた社会とは

最近日本から海外に留学する大学生が減少しているという。それはなぜだろうか？「大学生の海外へのモチベーションの低さ」という理由しか思い浮かばないならば、対応バイアスといわれるヒューリスティクスが働いた可能性がある。これは、行動の原因を人間の性格などの内的な事柄に過剰に求める傾向性である。実際の原因は複雑に絡み合っている。経済状況や海外の治安などの社会的な問題も影響しているはずだ。

この章で扱うのは、身近な人間関係を超えた問題である。友達同士、教室や職場などで顔を会わせる人同士の中で、正しさや善悪が問題となることは多々ある。ブランコの順番を待つこともおやつの分配も道徳の問題だ。それが社会制度や財源の分配の問題という、身近な人間関係を超えた問題になったからといって、何が違うのだろうか？

同じ道徳なのだから、たんに規模が大きくなっただけのように感じられるかもしれない。しかし、人間は乳幼児の時期から、身近な人間関係に敏感である一方で、中学生や高校生の年齢になっても、社会的な問題については驚くほど未熟な判断をすることが示されている。これは「最近の若者は社会に興味がないのだ」というような時事的な理由ではなく、社会的な問題について考えることは身近な問題の延長線上にはないことを示すものだ。

そこでまず、次の四つを「身近な人間関係」の問題と「身近な人間関係を超えた社会」の問題に分類してみてほしい。

A：おみやげに饅頭を三個もらいました。中学生のお兄さんと幼稚園児の妹の二人きょうだいは、饅頭をどのように分けるのが公平でしょうか。

B：スズキさん夫婦は、家事をどのように分担するのが公平でしょうか。

C：タナカ株式会社では、社員の能力に応じてボーナスを支給する方針です。どのような基準でボーナスの金額を設定するのが公平でしょうか。

D：貧困の対応策に政府の予算をどの程度かけるべきでしょうか。保育園や年金にかける予算を減らしても、貧困への対応をするべきでしょうか。

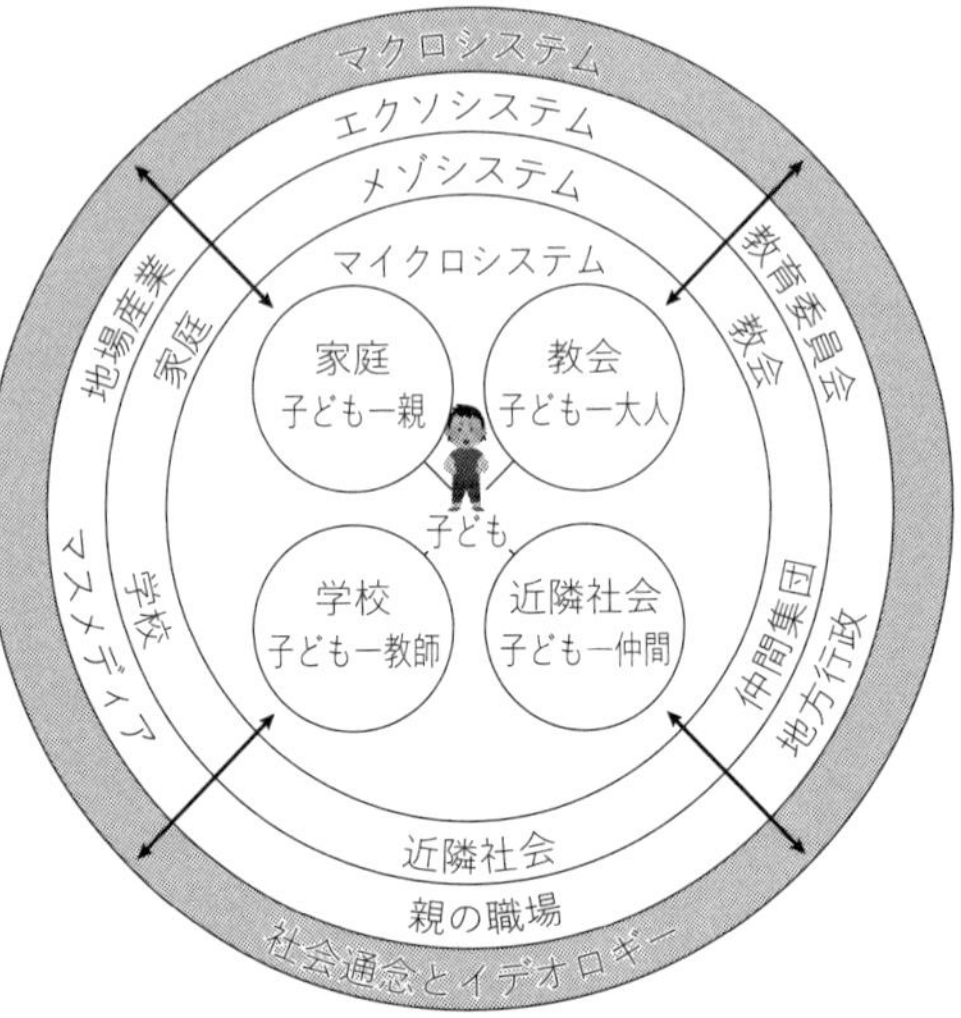

図 6-1　ブロンフェンブレンナーの生態学的モデル

（出典）　Cole, M., & Cole, S. R. (2001). *The development of children* (4th ed.). Worth Publishers.／高橋惠子 (2012).「発達とは」高橋惠子・湯川良三・安藤寿康・秋山弘子編『発達科学入門 1　理論と方法』東京大学出版会，pp. 3-19.

どの例も、分配の正義について扱っている点では共通している。AとBは、「身近な人間関係の問題」、Dは「社会の問題」とすることに異論はないだろう。Cは身近な人間関係ではないので少々迷うところであるが、本章で想定している「社会の問題」の典型例ではないので、その中間ということにしておく。

こうした分類を考えるうえで、ブロンフェンブレンナー（Urie Bronfenbrenner）の提唱する生態学的モデルは役に立つ。彼は、個人を取り巻く生態学的環境、つまり、人や動物などが生きて生活している環境を、入れ子構造になった四つの水準に分類した。図6-1を見てみよう。

第一の水準は、個人が直接経験する環境のマイクロシステムであり、学校、家庭、職場などが含まれる。個人は二つ以上のマイクロシステムに属し、そのマイクロシステムは相互に影響し合っている。そして、第二の水準は、マイクロシステム同士の相互関係からなるメゾシステムである。第三の水準は、エクソシステムである。個人が直接的、能動的に参加するのではないが、その個人が属しているマイクロシステムで起こる事柄に影響し、またマイクロシステムが影響を与える、外部システムである。親の職業や職場での地位、人間関係、親の学歴、地域社会での活動、マスメディアなどが含まれる。第四の水準は、第一から第三のシステムの一貫性を生む信念、情報などに関わるマクロシステムであり、イデオロギー、思想、信念体系などが含まれる。

先ほどの例のAとBは個人的な問題であるが、同時に経済状況、職場環境、育児休業法等の法律、ジェンダーイデオロギーなど、マクロシステムとエクソシステムからの影響を受けている。もちろん、反発や抵抗などを含めて、個々人からマイクロシステムへ、それがエクソシステムへ、という逆方向の影響もある。

さて、本章では、生態学的モデルではマクロシステムにあたる、社会正義について取り組む。代表的な問いは「国はどうすべきか」「コミュニティはどうすべきか」「そのイデオロギーは正しいのか」などだ。

2 社会認識の難しさ

社会正義を考えるにあたって、発達心理学の中の社会認識という研究領域に注目する。社会認識とは、人間が集団生活を営み、所属する社会や文化で生活するうえで必要な社会の仕組み、制度、規則、そして、それを運用している人の行動についての認識の研究である。

一見すると社会科のテストのようだ。政治や憲法を理解するには教科書を読めばよいのではないか。あるいは、たんなる思想信条を問われているように思えるかもしれない。しかし、この領域の研究では、知識の正しさを問うのでも、態度を調べるのでもなく、思考に注目する。

では、わざわざ社会認識という独立した研究領域を立てず、子どもの認知や思考の発達を調べればすむのではないかと考える人もいるかもしれない。しかし、それでは次の二つの点において不十分であることが指摘されている。

まず、社会認識の発達には倫理的な問題が関わる。社会認識はたんに「社会の仕組みを知ること」ではなく、適切な評価基準をもつことである。一定の社会的、歴史的制約のもとで個人や社会全体の振る舞いを評価する、多様かつ普遍的な倫理的、価値的基準をつくり上げ、それに深く関与することなのである。

次に、社会認識の研究では一貫して、科学的な思考力は高い人でも、材料が社会的な問題になると驚くほど未熟な判断をしてしまうことが示されてきた。たとえば、日本やヨーロッパの子どもたちを対象にした研究からは、中学生くらいの年齢になっても銀行の利潤の仕組みを完全に理解できるのは一〇～二五パーセント程度であることがわかった。失業、貧困、ホームレスなどについて説明を求めた研究では、多くのアメリカの青年は、背後にある社会的な因果関係ではなく、個人の努力の問題と考えていた。次節では、子どもと青年の社会認識の発達について、権利の概念に注目し、より具体的に見ていこう。

3　権利の理解

『十二人の怒れる男』は父親殺しの罪に問われた少年の裁判で、陪審員が一室で議論をする様子を描いた、一九五〇年代の映画である。評決は陪審員全員が合意しないといけない。容疑者の少年には圧倒的に不利な証拠がそろっている。一二人中一一人の陪審員が少年の有罪を信じるなか、一人が証拠に疑問を表明したことから議論が重ねられ、それらの証拠が一つひとつ覆される。陪審員たちは、社会階層も裁判への意気込みも多様である。そのなかで、ユダヤ移民の時計職人は、ヤンキースの試合の開始時間ばかりを気にしている一人に、民主主義の実現のためには、いかに人権が大切であるのかについて、熱弁をふるう。

権利は、現代社会を成り立たせ、人間関係を調整するための基本的かつ重要な概念の一つであり、さらには、公正な世界を担保するために必要な道徳的概念でもある。権利についての研究では、アメリカの一般市民がどの程度言論の自由などの人権を理解しているのかを調べた大規模な調査が有名である。たとえばＫＫＫ、無神論者、フェミニストのような、社会的に少数派あるいは異端とされる集団に対して、言論の自由や集会の自由のような人権を認めるのかということが質問された。具体的には、「集団員が公共の場を使用することが許されるべきである」「集団員によって書かれた書物が公共の図書館から除かれるべきである」などについてどの程度賛成するかが尋ねられた。同様の研究は、対象となる集団が変わりながらも継続されている（たとえば近年はムスリムや移民などが対象となっている）。その結果、「多くの市民は人権を理解していない」という結論が出された。なぜなら、社会的に少数派の集団に対して「自由を制限して良い」と答える人が多かったからだ。

抽象的な権利と具体的な権利

そうしたなかで、心理学ではその判断過程に注目して、なぜ人は抽象的には権利を理解し自由を大切と考えるのに、少数派の集団に対しては自由を制限してよいかなどの具体的な場面では自由を認めない判断をするのか、という判断の矛盾が注目されていた。

はじめて子どもに対して権利についての組織的な心理学的研究を行ったのはヘルウィグ（Charles Helwig）である。彼は、あらゆる場面で自由や権利を認める人が「権利を理解している」と想定するのではなく、人は本来、状況に応じて、さまざまなことを配慮しながら、自由や権利を支持したりしなかったりするという想定に立ち、次のような二段階の質問をすることで、子どもと青年の権利についての理解を探った。

質問の一つ目は、「アメリカにおいて人々に考えを表現することを許すべきだと考えますか？それはなぜですか？」「考えを表現することはどの国でも重要ですか？」のように、抽象的な理解を探るものである。そうすると、小学生でも、アメリカはもちろん、他の国でも言論の自由や宗教の自由は大切であると答える。なお、子どもたちが他の国でも人権が大切だと考えるのは、人権教育が徹底している北米だからという批判もありうる。そこで、研究者グループは、家父長制が徹底し、女性の権利が非常に制限されている中東のある地域で同様の調査を行った。すると、現実には言論の自由などの人権が制限されているにもかかわらず、対象者たちはアメリカの子どもや青年と同様に、人権が普遍的に重要であると考えていることがわかった。

質問の二つ目は、暴力的な宗教上の行為やライバルの政治団体に暴力を加えようという内容の公園でのスピーチなど、問題のある内容が含まれた場面に対して、法による制限を認めるかどうかが尋ねられた。そうすると、より年齢の低い子どものほうが、そのような宗教についてのスピーチを法律で制限すべきであるというように、自由を支持しない判断をすることがわかった。では、なぜ年齢の低い子どものほうが自由を支持しない（権利の侵害を許容する）判断をするのだろうか？

言論の自由とプライバシー――日本での研究から

日本の研究も紹介しよう。筆者は、小学生高学年から中学生の年齢、ちょうど公民の授業が始まる時期の子どもたちを対象に、言論の自由についての判断を検討した。教科書的な知識を求めているのではなく、社会認識の思考の発達を探る研究であるので、正答のない課題が用いられた。

町のスピーチ大会で、次のようなスピーチをしてよいと思いますか？　そのようなスピーチを町の法律（決まり）で禁止してもよいと思いますか？

・「気にくわない人は殴りましょう」という暴力をすすめるスピーチ（道徳違反の内容のスピーチ）
・「手づかみでご飯をたべましょう」という行儀の悪いマナーをすすめるスピーチ（慣習違反の内容のスピーチ）
・「歯磨きをさぼりましょう」という健康に悪いことをすすめるスピーチ（衛生など個人が管理すべき内容のスピーチ）
・「毎日黄色い服を着ましょう」という個人的な好みに関するスピーチ（個人的な好みに関

する内容のスピーチ）

その結果、道徳的な内容に抵触するスピーチの場合、どの学年の子どもも「スピーチをしてはいけない」、あるいは「法により制限してよい」と考える人が多く、その程度に差が見られなかったが、食事や歯磨きなど、慣習的あるいは衛生的な問題の場合、小学生は法による制限を認める傾向が強く、中学生、高校生になると認めない傾向が強くなった。また、学年が低いほうが「スピーチをしてはいけない」と考えることと「法により制限してよい」と考えることが連動していたが、中学生以上になると「スピーチをしてはいけない」が「法により制限もしてはいけない」というように、内容の悪さと、権威による自由の侵害を区別して理解できた。これは、なぜそう判断したかを聞いてみても同様の結果となっており、小学生は、おもに「スピーチの内容（〝暴力や、手づかみで食事することが悪いかどうか〟など）」に注目して判断し、その一方、中学生以降は「スピーチの自由（〝話すこと自体は自由である〟など）」に注目して判断する。小学生が言論の自由を認めるかどうかは、スピーチの内容によるのだ。

プライバシーと知る権利についての調査もある。小学高学年から中学生、および大学生を対象に、どのような内容を学級新聞に掲載するかや、日記や電話番号が公開されてもよいのかなどが尋ねられた。たとえば、学級新聞については、次のような内容である。

太郎君は小学校○年生です。太郎君のクラスでは、新聞係が相談をして学級新聞の記事を決めることになっています。今度の学級新聞では、クラス全員について次のことをのせようという意見が出されています。それぞれについて学級新聞の「記事にしてもよい」と思いますか。それとも「記事にすべきではない」と思いますか。

ⓐ学校の図書館で借りた本の名前、ⓑ入っているクラブ活動の名前、ⓒ学校の休み時間にしたこと、ⓓ電話番号、ⓔ家で書いている日記の内容、ⓕお小遣い帳の内容

その結果、小学四年生でも、ⓐ、ⓑ、ⓒのような公的な情報は掲載してもよいが、ⓓ、ⓔ、ⓕのような私的な情報は掲載すべきでないと考えた。このように、小学生でも基本的なプライバシーの考え方は理解しているようだ。

続く研究では、日記の内容や電話番号を公開してよいかどうかを尋ねたところ、小学生は、日記の内容が「よいこと」（たとえば、友達が自分に親切にしてくれたこと）の場合や、「よい」動機（たとえば、財布を拾ってくれた人にお礼をしたい）によって電話番号を教えてほしいと頼まれた場合には情報を開示してもよいと判断し、「悪いこと」が書かれた日記や「悪い」動機によって電話番号を教えてほしいと頼まれた場合には開示すべきでないと判断する傾向が高かった。その一方、中学生以降になると、内容や動機にかかわらず公開すべきではないと判断した。この結果は、先ほどの言論の自由の研究と同様に、小学生には内容とプライバシー自体を区別して考えることが困難であることを示すものだ。

なぜ子どもは自由を支持しないのか

これらの一連の研究から、小学校中学年くらいの年齢から、プライバシーや言論の自由などの権利を理解し始めることは明らかだ。しかし、なぜ小学生は（内容によっては）自由やプライバシーが侵害されてもよいと考えるのだろうか。

最大の理由は、小学生の認知能力である。古典的な理論であるが、ピアジェの認知発達理論において、小学生の高学年から中学生にかけて、具体的操作期から形式的操作期に移行することが示されている。前者は、具体的な事柄について論理的に考えられる思考を特徴とし、後者は、抽象的な事柄について論理的に考えられる思考を特徴とする。小学校中学年以降に分数や比率などを学び始めるのも、子どもたちが抽象的な思考が可能になってくることと関係がある（もちろん個人差はある）。つまり、まだ形式的操作という認知能力が不十分である小学生は、暴力のスピーチや人助けのために電話番号を教えるなど、具体的な内容の良し悪しに引きずられて、権利や自由という抽象的な概念についての理解が不十分になってしまうのだ。

もう一つは、場面に含まれる暗黙の知識の問題だ。町のスピーチ大会の場面では、小学生の多くが「だって、スピーチするとみんなこんな悪いことをまねしちゃうでしょ？」と言う。どうやら「話を聞いて影響される程度」の見積もりに年齢差があるようだ。そこで、「このようなスピーチを聞くと、どれくらいまねする人が増えるか」を答えてもらい、どのくらい法によるスピーチの制限を認めるかとの関係を調べたところ、年齢が低いほどまねする人が多くなると考える程度、つまり影響力の見積もりが高く、その見積もりと「法により言論を規制してよい」と考える程度の高さが関係していた。このように、場面の中に含まれる暗黙の想定に年齢差があり、その年齢差が判断に影響するのである。

日本人の判断の特徴

形式的操作期に達しており、抽象的な思考ができるとされる高校生や大人でも、小学生と同様に、内容の良し悪しに影響された判断をしてしまうことがある。この点について、イギリスと日本の小学生、中学生、大学生を比較した、次の研究を見てみよう。

学級会において、次のことをクラスとして決める必要があるでしょうか？　それはなぜでしょうか？

好み：「お弁当はこぼしても掃除がらくなのでパンを持ってくる」「クラスではクラスのまとまりをよくするため黄色のシャツを着る」

自由時間：「落ちるといけないので鉄棒はしない」「天気の日はからだによいので外で遊ぶ」

衛生：「給食後は虫歯にならぬように歯磨きをする」「食事前には手を洗う」

集団：「学級文集の原稿の締め切り日を決める」「クラスの係を決める」

イギリスと日本のどちらも、文集や係などの「集団」の項目は、決まりとして集団決定を認める。特徴的なのは、日本の場合、「衛生」の項目では小学生から大学生まで九割以上の者が「学級で決まりとして決定してよい」と考えることだ。これは学級という教育現場だからと思うかもしれないが、じつは同じ研究者が「町の決まり」という場面状況で質問したときも、ある程度の割合で町の決まりによる衛生面の強制を認める判断がされた（もちろん、ウイルスなどのように悪影響が町中に拡散する内容ではない）。

歯磨きなどの衛生に関わる事柄になると、日本の場合、なぜ大学生になっても集団決定を認めてしまうのだろう。判断の理由を分析してみると、さらに文化差が明らかになった。じつは、衛生かどうかということではなく、その内容が本人にとって有益であると考えられるかどうかが問題のようだ。イギリスの子どもと青年は「そのような集団決定は道徳的に正しいのかどうか／フェアかどうか」という観点からの理由づけが多い一方で、日本の子どもと青年は、イギリス人の倍以上の割合で、「その行為にメリットがあるかどうか」という観点からの理由を述べていた。

日本人は、個人にとって「良いこと」ならば、本来個人の権限で決定すべきことでも、決まりとしての強制力を認めてしまう傾向があるのかもしれない。この仮説を検証するために、続く研究では、イギリスと日本の大学生を対象に次のような調査が行われた。

つぎの事柄は、どの程度個人にとって有益でしょうか。

また、集団の決まりにしてもよいでしょうか。

ⓐ　虫歯予防のために歯磨きをすること

ⓑ　風邪予防のためにマスクをすること

ⓒ　健康増進のために外遊びをすること

ⓓ　健康のためにお弁当にサンドイッチを持ってくること

ⓔ　歯に悪いのでコーラを飲まないこと

ⓕ　コミックマンガを読まないこと

当然、どの事柄がより有益と見なされるかについては、日本とイギリスで差が見られる。日本では⒜、⒝、⒞が、イギリスでは⒟、⒠、⒡がより有益な事柄であると判断された。しかし、重要な点は、個々の項目の有益性についての認識の文化差ではなく、有益と考えるかどうかと、集団の決まりとして個人の意思決定を制限してよいかどうかの関係である。両者の相関を調べたところ、日本の大学生は非常に高い値（r＝・九六）であるのに対し、イギリスの大学生では両者の関係は見られなかった。つまり、日本の大学生は、たとえば「虫歯予防のために歯磨きは有益だから集団で歯磨きを強制してもよい」、一方イギリスの大学生は「虫歯予防のために歯磨きをすることは有益であるからといって、集団で強制してよいというわけではない」と考えるのだ。なお、日本の小学生と中学生に同様の調査を行ったところ、やはり有益と考える内容の場合、集団決定を認める程度が高くなった。

権利の問題は、誰かが一方的に押しつけてくる場合や明らかによくない内容の場合には気づかれやすい。小学生でも自由を制限されることによるデメリットが明白な場面ならば、大人と同じように制限を認めない。しかし、日本では大学生でも、有益なことについては、権利の侵害に鈍感かもしれない。本来、人権が問題になるのは、誰にとってもよいことのように見え、大多数の人にとっては気にならないことであっても、少数の人には耐えがたいことかもしれない、という状況である。その意味では、日本では大学生でも、真に権利概念を理解しているとはいえないのかもしれない。

4 思い込み理論

なぜ社会認識は難しいのだろうか。人間は経済的、法的、政治的な制度の中で生まれ育つ。日常生活は、このような人がつくった仕組みによってあたりまえのように営まれているが、たいていは直接体験できない。トラブルでも起きない限り、私たちは社会の仕組み、制度、規則を意識することなく暮らしている。したがって、社会についての知識の大部分は、テレビなどのマスメディアや、両親や仲間から社会の出来事について聞くなどの間接情報によることになる。

ポーランドの子どもを対象とした、経済状態の違いと経済概念の理解の関係が調べられた研究では、対象となった一一歳児よりも八歳児のほうが経済概念の理解について洗練された回答をした。この研究で対象となった八歳児は経済危機の時期に育ったため、家族の談話やテレビを通して経済的現実を知る機会を多くもったためであろうと考察されている。

なお、場合によってはマスメディアはステレオタイプに基づいた誤った情報を提供することもある。そのため、幼い子どもの多くは、娯楽番組から提供される誤った知識をもっているという。

このようにしてつくられる社会についての知識は、原因と結果の理屈も含まれる、個人の中での一種の理論となっている。ここでは仮に「思い込み理論」とよぼう。たとえば、「貧困の原因は個人のやる気の低さによるものだ」「女性は生まれつき母性をもっているので子育てに専念すべきだ」など、個々人がつくり上げた独自の理論である。なお、「思い込み理論」は社会認識のみならず自然科学の分野にも存在する。また、場合によってはコミュニティの中で信じられ、一種の「集団幻想」になっていることもある。

「思い込み理論」が事実と異なるならば、教育で訂正すればよい。そう考えるかもしれないが、じつはこの本人たちがつくり上げた理論はなかなか変わらない。「思い込み理論」がコミュニティの中で「集団幻想」となっている場合はさらにやっかいだ。自然科学の領域であるが、ガリレオも現代物理学では間違いとされる理論をもっていたし、人体の内臓のしくみも、医学的に解剖が行われているにもかかわらず、二〇世紀になってもなお間違って記録されてきたという。それまで天動説を信じていたために地動説が正しいと理解するのが一六世紀の人々にとって難しかったように、我々現代人にとっても、自分のもつ「思い込み理論」を変えたり捨てたりするのは、コペルニクス的転回ともいうべき大革命なのである。

なぜ「思い込み理論」は修正が難しいのだろうか。『十二人の怒れる男』では、容疑者となってしまった少年にとって、陪審員たちの協議が公正に誠実に行われることは死活問題である。しかし、陪審員の中の一人は、ヤンキースの試合に間に合うほうが重要なので、さっさと適当に結論を出したいと思っている。さらに、容疑者の少年がスラム街出身ということから、自分と異なるコミュニティの者として切り捨て、真相を真剣に考えない陪審員もいる。このように、多くの人にとって、社会的な問題は、いざ当事者になって不利益を被らない限り、自分とはかけ離れた問題なのだ。「思い込み理論」が正しいかどうかを真剣に検証するモチベーションもなく、間違っていたとしても日常生活に支障もないならば、誰がそれを変えようとするだろうか？

さらに「思い込み理論」はさまざまなヒューリスティクス（第3章参照）があるために、変容しにくい。日常で多少の異常事態が起こっても、正常の範囲内と認識しようとする傾向は正常性バイアスとよばれる。我々の日常生活の常識が根本的に間違っているとは思いにくい。判断者にとって都合のよいデータばかりに注目してしまう確証バイアスもある。ある人が「女性は育児に向いている」という理論をもっていたとしよう。これらは、いつくかの証拠によって補強されるかもしれない。たとえば、「自分の母親は子どもが好きで子育てがうまかった（証拠①）」「知り合いの奥さんのAさんも子育てがうまい（証拠②）」「テレビドラマで子育てのうまい母親の話があった（証拠③）」である。しかし、「知り合いのBさんの子どもはお父さんのほうになついている」という事実を目にしたとしても、例外として無視して、理論が正しいかどうかは検証しないのである。なぜ検証しないかというと、結局は「いまのところ不都合がなく、どちらでもよい」からだ。

『十二人の怒れる男』の中に、本人の思い込みにとらわれすぎて、非論理的な主張を繰り返す人物が出てくる。なおこの人物がどのように自分の「思い込み理論」に気づくかというのが、この映画の最大の山場でもあるのだが、気づいた瞬間の悲鳴にも似た叫びは、我々の心を打つ。最初は多数派であった彼は「思い込み理論」を問い直す必要がなかったのだが、徐々に無罪を信じる陪審員が増え、少数派に転落したとき、「思い込み理論」に対峙する必要が出てきた。一二人の陪審員たちが真剣に徹底的に議論を続けたからこその結果であろう。

5　教育の可能性

学校教育でも思い込み理論が簡単には変わらないことは肝に銘じなくてはならない。経済領域の社会認識の研究ではあるが、高校生や経済学を専攻しない大学生に、正しい経済学的知識を教えた研究がある。「企業間に競争があれば商品の価格は下がる」という競争ルールを「映画館の学割」や「行楽地の高額なジュースの値段」などの現実場面へ適用することが困難であり、「教養を積んでもらいたいから」「コストがかかるから仕方ない」など福利、コスト、効用の観点からの解答に固着する傾向が強いことはよく知られている。このような素朴経済学ともいえる「思い込み理論」はなかなか変容せず、変容したとしてもちょっとしたきっかけで、あっという間にもともとの誤った「思い込み理論」に戻ってしまう。たとえば、不適切な経済ルールを連想させる情報に触れることで、不適切な経済ルール（誤ルール）へのリバウンドが見られることも実験的に示されている。

しかし、学校教育が一つのきっかけになるのも事実である。勇気づけられる授業実践もある。高校生にバナナを用いて、その背後に多国籍企業が経営するフィリピンのプランテーションで極端な低賃金で働いている労働者の現実を扱った授業では、教師が一方的に知識を与えるのではなく、問題が生徒に投げかけられ、討論や感想文を書くことを通して、生徒自身が考えていくという丁寧な実践が行われた。その結果、授業を受けた高校生の社会認識は、大学生をもしのぐ高度なものになったという。

筆者が大学生を対象に行った教示実験では、「気づき」が判断に影響することが示された。言論の自由には、個々人が意見を表明することによる満足や成長などの「個人的な価値」と民主主義を担保し社会が発展するという「社会的な価値」があるといわれる。事前にどちらの価値を認識しているのかを調べた。そして、ランダムに「個人的な価値」と「社会的な価値」を強調する文章をそれぞれ読ませ、その後言論の自由を支持する程度がどの程度変化するかを調べた。

すると、自分とは違う立場の文章——すなわち、言論の自由を「社会的に価値がある権利」と認識している人にとっては「個人的な価値」を強調する文章、「個人が意見を発表するなどの個々人のメリット」として認識している人にとっては「社会的な価値」を強調する文章——を読んだとき、自由の侵害をより否定するようになった。その人にとって「はっ」とさせられる体験が、「思い込み理論」を変容させるきっかけになるのかもしれない。

本章のまとめ

本章では、一五〇人以上の大規模集団における人間の道徳性の特徴と問題点を見てきた。本章で強調したかったことは、社会正義の問題は、身近な対人関係の道徳の延長線上には「必ずしも」ない、ということである。まったく独立した問題ではないが、親しい人に対して思いやりを示しているから、会ったこともない異文化の人にも親切であるとは限らないこと、身近な対人関係の問題を解決するときの原理をそのまま社会正義にあてはめることはできないということを想像すれば、理解できるのではないか。

最後の章では、これまで見てきた、子どもから大人にかけての変化、そして身近な人間関係から異文化への広がり、という二種類の「広がり」について、総合的に考察する。

第7章　縦の糸は時間、横の糸は文化

人間の一生は、善と悪とをより合わせた糸で編んだ網なのだ。
――『終わりよければそれでよし』第四幕第三場より

六つの章を通して人間の道徳性の特徴を見てきた。我々は、意図などの他者の心やルールに敏感で、罰や復讐を好み、罪悪感や共感などの感情をもち、仲間内をひいきする。乳児や幼児も道徳性を有している。しかし、長い年月をかけて、子どもの道徳性は変化していく。どのように、そしてなぜ、人間の道徳性は発達するのだろうか。そして、それは文化によってどのように異なるのだろうか。人間の道徳性はどこに向かうのだろうか。第7章では、発達（時間）という縦糸と文化という横糸が編み出す人間の変化について考え、本書のまとめとしよう。

1　なぜ発達するのか

子どもが大人と異なるのは、あまりにも当然のように思えるかもしれない。子どもは身長や顔つきなど、身体的な特徴が大人と異なる。思考能力も異なる。おおむね大人より未熟な面が目立つが、幼い年齢であるほど外国語を習得することが容易であることもよく知られている。大人と子どもが異なり、子どもが徐々に成長していくことに疑問をもつ人は少ないだろう。だが、なぜ人間は時間とともに変化するのだろうか。

複線的で非同時的な発達

地球上の生物全体を見てみると、誕生直後から大人と同じ形態のものは非常に多い。動物番組で、誕生直後によろよろしながら立ち上がるウマやヒツジの映像を見たことがある人も多いだろう。赤ちゃんザルは母親ザルにしがみつくことができるので、母親ザルと一緒に木から木へと移動することができる。これらの動物のように、大人と同じ状態、あるいはせいぜいミニチュア状態で誕生したほうが、生存には効率的である。それなのに、人間は一人で歩けるようになるまで生後一年程度はかかるし、子孫を残せるように身体が成熟するにも一〇年以上かかる。人間の場合、大人の保護が必要な時間が大変長い。つまり、人間は、子ども時代が長いのだ。

ひと昔前は、発達とは、子どもが大人になることだと思われていた。この考え方の裏には、未熟な子どもが大人という完成形に向かって成長していく、という想定がある。さらに、老年期は、完成した大人が能力を失っていく衰えの時期だと考えられていた。しかし、現在の発達心理学の想定はまったく異なる。

発達は、青年期に向けて徐々に有能性が増し、その後は加齢につれて下降するという変化とは限らない。なぜなら、発達は、直線的、単線的なものではなく、起伏があり複線的なものだからである。たとえば知能を考えてみよう。子どもは徐々に知能が高くなり、高齢者になると物忘れが多くなり知能は衰えていくと一般的には思われがちだ。しかし、知能には結晶性知能と流動性知能があると考えられている。結晶性知能とは、知識の蓄積など、生涯を通しての経験の積み重ねにより獲得される能力である。一方、流動性知能は情報を素早く正確に処理する能力である。流動性知能は、成人に達する前後にピークに達するが、結晶性知能は、成人後、さらに高齢になっても伸び続ける。高齢者の認知能力は、必ずしも低下するとはいえないのだ。特に、人生の実際的な問題について、適切に対処するための理解力、判断力、洞察力などの知的能力、いわゆる「知恵」は、加齢に伴い低下するわけではない。つまり、発達は、さまざまな特徴において、異なった速度で、非同時的に起こるのだ。ではなぜ、人間は時間とともに変化するのだろうか。

発達における転換点の意味

この答えは、進化の観点から考える必要がある。最も支持されている考え方は、次のようなものである。人間が時間とともに変化するのは、ライフコースの中にいくつかの転換点を用意して、環境と相互作用する機会を増やすことがより適応的だったからである。どのタイミングでどのように次の発達段階へ移行するのかを、その時々の環境条件に対応しながら決定し、主体に都合が良いように機能や構造を組織化することによって、環境に適合した個体になっていくほうが、あらゆる環境変化に適応しやすいのだ。

往々にして我々は、子どもの行動が「将来何の役に立つか、将来につながるか」という視点で考えてしまう。たとえば遊びだ。子どもの遊びの中には、問題解決能力や社会性など、将来に役立つこともあるが、そのときその子ども時代にのみ意味があることも含まれる。たとえば、さまざまなことを試し、チャレンジする子どもの活動は、そのときにその子どもが感じる満足や達成こそが重要なのだ。

子どもの認知能力に限界があることは、これまでの章でも繰り返し触れてきた。しかしながら、この認知能力の限界がむしろ肯定的に働くことは見過ごされがちである。よく知られているのが素朴楽天主義と言語発達だ。素朴楽天主義とは、複数の情報を同時に処理することが難しいゆえに自分と他者を比較することが困難なために生じる、子どもの過大な自己評価のことだ。その結果、子どもはときに無謀ともいえる挑戦を繰り返すことができる。失敗にへこたれずに努力でき

るという子どもの特徴が、子どもの成長のきっかけとなるのだ。子どものほうが言語の習得が容易であるのも、認知能力の限界と関連がある。一度に処理できる情報が少ないことは、単純な文章しか処理できないことになるので、結果として単純な文章を理解し徐々に複雑な文章を理解していくという言語発達の流れに最もフィットしている。
このように、幼児、児童、青年のそれぞれの時期に見られる特有の認知や行動は、その時期にのみ機能する面もあるのだ。

2　どのように発達するのか

タイムトラベルとよばれるＳＦのジャンルは、主人公が魔法や科学、あるいは偶然によって、過去や未来に瞬間移動してしまうことで引き起こされる出来事を扱ったものだ。主人公の行動が過去または未来に影響を与えることの面白さと怖さを軸に話が進むことが多い。

『バック・トゥ・ザ・フューチャー』は、一九八〇年代に製作されたタイムトラベルの映画であるが、いまなおそのシナリオの巧さが高く評価されている。主人公のマーティは、近所に住む科学者が発明したタイムマシンによって、意図せず三〇年前の一九五五年にタイムスリップしてしまう。そして、自分と同世代の頃の母親、父親、その友人たちと出会う。マーティは、弱気な父親や口うるさい母親が、自分と同じティーンエイジャーの時代には進路や友人関係に悩んでいたことを知る。多少面影はあるものの、三〇年後の父親や母親とは似ても似つかない言動もある。彼らはなぜ、どのように変化したのだろう？

人間の発達の原因は、究極的には、生まれながらに備わっている遺伝要因とその後の経験の中で出会う環境要因である。そして、遺伝か環境か、生まれ（nature）か育ち（nurture）かという問いは、哲学者も含めて何百年にわたって議論されてきた問題だ。一方の陣営は、生まれたばかりの赤ちゃんは「タブラ・ラサ」（何も書かれていない空白の石版）であり、その後の経験がその石版に書き加えられていくというような、経験説あるいは環境説だ。もう一方の陣営は、人間の心はある種の概念を先天的（ア・プリオリ）に認識できると考える生得説、あるいは遺伝説の立場である。

現在は、「遺伝か環境か」という二項対立的な問いを立てることは不毛であると考えられ、相互作用説が有力である。相互作用説とは、遺伝と環境の両者が相乗的に作用するというものであり、具体的には、次のようなプロセスである。経験を通して個体があることを学習すると、それによって個体に変化が生じ、その後になされる経験は以前とは異なった影響を個体に及ぼすようになる。また、このように変化した個体は、環境に対する働きかけ方も以前とは異なるようになり、環境そのものも変化していく。したがって、そこから得る経験も変化する。このように個体と環境のいずれも変容可能性があり、かつ、相互に影響し合うのだ。

たとえば、ある子どもに問題行動が見られたとしよう。それは一朝一夕に現れるものではなく、たとえ乳幼児であっても、それなりの時間的経過を経て出現する。個人の気質的特徴にはバリエーションがあるが、そうした特徴は、その個人がおかれたさまざまな環境要因と相互に影響し合っていく。また、どのようなリスク因子も単独で作用することはなく、累積的・相互作用的に影響する。こうした相互影響過程の中で、個人にも周囲の環境にもストレスがたまっていくという悪循環が続いてしまうとき、問題行動や精神症状が現れる可能性がある。

タイムトラベルの話では、ちょっとしたきっかけでその後の人生が大きく変わってしまうエピソードも多い。『バック・トゥ・ザ・フューチャー』のマーティは、レストランの黒人の掃除夫に「市長になったら」と何気なく声をかける。一九八〇年代には珍しくないが、一九五〇年代の常識からすると黒人が市長になるのは考えられない。しかし、この掃除夫は、マーティのアイデアに触発されて三〇年後に本当に市長になるのだ。小説を書いているけれど発表する自信がないという若き父親は、マーティとの出会いにより、投稿を目指すようになり、その後の人生が大きく変わってしまう。母親はマーティに恋をしてしまったために、マーティが将来「誕生しない」かもしれない危機に発展してしまう。これらのエピソードは象徴的である。我々の発達は、累積的・相互作用的に影響するものであり、人生には潜在的に多様な道筋がありえる。そうすることで人間は多様になっていくのだ。

3 道徳性の発達

人間が多様だからといって共通性がまったくないわけではない。年齢に応じた変化にある程度の規則性が見られることもわかっている。実は、共通性と個人差はトレードオフの関係にありつつ、併存するものなのだ。

道徳性の発達の全体像を描くのは難しい。しかし、第1章から第6章までの内容をふまえて、ある程度一般化するならば、次のようになる。まず、人間は生後初期から、ある程度の道徳的センスをもっている。他者を助ける行動がわかり、他者を評価する。公平性もわかっている。そしてなにより、チンパンジーと同じように、人間は他者に共感し、無償で他者を助ける傾向性をもっている。しかし、その後、親以外の他者との相互作用を通して、そして学校や社会、法律、経済などの制度を通して、人間の道徳性は、より多様に、複雑になっていく。発達が顕著なのは、論理的思考力の側面だ。複数の視点から評価し、複数の視点を同時に扱うことができるようになる。その視点も、身近な対人関係だけではなく、一般化された他者という、個別性を超えた抽象的な視点をもつことができるようになっていく。

道徳性心理学の趨勢を考えると、一九七〇年代、八〇年代は、論理的思考力の側面が過度に注目されていた。道徳といえば、正しく判断する力、というわけだ。論理的思考力に注目した理論の第一人者であるコールバーグ（Lawrence Kohlberg）は、その後、散々に批判されてしまった。彼の想定する道徳性の発達は、正しさの基準が外にある段階から、社会の中での正しさを考える段階へ、最後は法や社会システムを超えて正義を考える段階へと変化するというものだ（表７－１）。コールバーグとその仲間たちは、この発達段階が文化を超えて普遍的に見られるのかどうかを、いろいろな国の子どもに対して調査をすることで検証してきた。しかし、子どもは本当にこのように発達するのだろうか？

反論の一つに、我々の道徳判断の発達が、非論理的なものから論理的なものへと一直線に変化するというわけではない、というものがある。いったん減少したハッピー・ヴィクティマイザー現象（道徳的逸脱を犯した人に罪悪感を帰属しない反応。詳細は第５章参照）が状況によっては青年期に増加することや、中学生は他の世代よりもジレンマ課題によっては不道徳な判断をすることなど、Ｕ字型カーブの変化が見られることも多い。

表 7-1　コールバーグの道徳性発達段階理論

	段階	特徴	図式にすると
前慣習的水準	第 1 段階：罰の回避と服従志向	正しさの基準は外部（親や権力をもっている人）にあって，罰せられるかほめられるかが正しさを決定する。	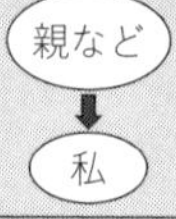
	第 2 段階：ギブアンドテイク 道具的互恵主義志向	正しいこととは，自分の要求と他人の要求のバランスがとれていることであり，「……してくれるなら，……してあげる」といった互恵関係が成立すること。	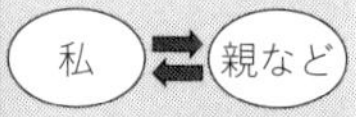
慣習的水準	第 3 段階：よい子志向	グループの中で自分がどう見られているのか，どういう行動が期待されるのかが正しさの基準になる。つまりグループの中で期待される行動をとることが正しいことである。	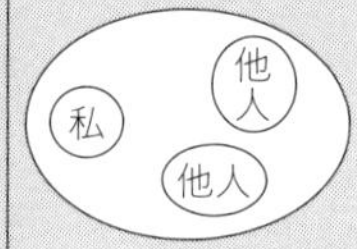
	第 4 段階：法と社会秩序志向	個人的な人間関係を離れ，社会生活の中で，あるいは法が治めるなかで，どのように生きていくか考えることができる。正しさの基準は，社会システムの規範に合致することである。	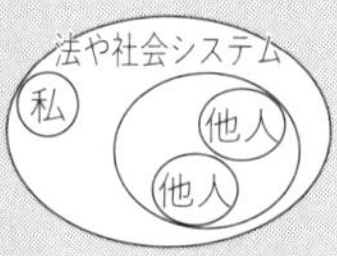
脱慣習的水準	第 5 段階：社会的契約と法律的志向	社会システムの中で生きながら，かつ社会システムの矛盾を見出し，それを包括するような視点を提起できる。	
	第 6 段階：普遍的な道徳	正義（公平さ）という普遍的な原理に従うことが正しいことであり，人間としての権利と尊厳が平等に尊重されることが道徳的原理となる。	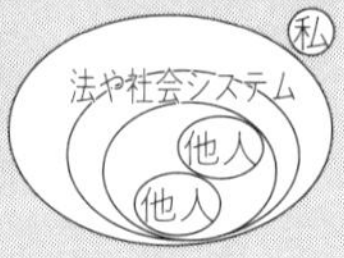

（出典）　荒木寿友 (2017).『ゼロから学べる道徳科授業づくり』明治図書

二〇〇〇年以降は特に、幼い赤ちゃんの有能性や、理性と一見対極にあるように見える直感や感情の面に注目が集まった。「はじめに」で書いた通り、このタイプの研究が出てきたことで、断然面白さが増した。赤ちゃんでさえも善悪を評価できる、嫌なにおいを嗅がされた実験協力者が不道徳になるなど、センセーショナルだ。

システム1とシステム2

しかし、面白いかどうかと、人間の発達を正確に示しているかどうかは別だ。少なくとも、我々の道徳性は、理性的な側面だけでもなく、感情や直感だけでもなく、おそらく両方の側面がある。

このような人間の心の働きを二つに分類する方法は、道徳性の領域以外でも一般に見られることである。ノーベル経済学賞を受賞した認知心理学者のカーネマン（Daniel Kahneman）の『ファスト&スロー』は認知のシステムをわかりやすく説明した良書だ。「ファスト」（早い）の認知システムは「システム1」、「スロー」（遅い）の認知システムは「システム2」とよばれることが多い。

システム1は、努力を要さず自動的に起動し素早く処理され、なぜそうなるのかを意識的に認識していない過程である。相手の表情や声色から瞬時に感情が読み取れることがわかりやすい例である。第6章までに何度も出てきたヒューリスティクスはこのタイプの思考だ。一方、システム2は、「マニュアル・モード」とよばれることもあるように、使うときには努力を要し、意識的にゆっくりと考える過程である。熟慮とよばれる思考が典型例だ。システム1の誤りに気づき、修正することができるのもこの思考だ。ただし、システム2が発達したからといって、システム1が機能しないわけではない。大人でも、なじみのない場面や、集中を欠く場面などでは、大手を振ってシステム1が活躍する。

当然、直感と感情に基づく道徳性は、システム1と親和性があり、理性に基づく道徳性はシステム2との関連が強い。そもそも人間が仲間同士で協力し合うように進化するためには、規範やルールを破るという仲間の裏切りを即座に検知できる能力が必要となり、そのためにシステム1が開発されてきたのだ、という考え方もある。すなわち、システム1が道徳性に関係するのではなく、道徳性があるからシステム1が進化の中で残されてきた、とも考えられるのだ。

現在、コールバーグが道徳性心理学を席巻した時代から何十年の時を経て、学術的にも、現実世界の問題解決においても、システム2に対応する理性の道徳性の重要性が再認識されつつある（もちろん、コールバーグの理論も含まれる）。その理由は、現在ますます激しくなる、国同士、文化同士でのいがみ合いにある。そしてその背景にある文化差の問題に起因する。

道徳性の文化差と理性の道徳

一〇〇年から一五〇年くらい前までは、多くの人はよく知った仲間内とだけ暮らしていた。社会が変化するスピードも遅かった。異文化の風習や規範に目を向ける必要はなかったかもしれない。よく知った仲間とだけ，いつもの慣習に従って暮らしていけば，道徳的に非難されることはないのだ。自分の文化の規範が，すなわち普遍的な規範であることに問題は生じなかった。

しかし急速に時代は変化した。政治も経済も，自国や自文化の問題だけではすまなくなり，一つの国の問題が，地球規模で影響してしまう時代になった。変化のスピードも早くなった。さらに，国家間，文化間の紛争は，減少するどころか増加する一方のように見える。そのため，それぞれの文化の違いを放置するだけでは解決しない状況になっているといってよい。

システム１は仲間内の道徳には有効だ。固定された規範を自動的に守り，守らない仲間に瞬時に気づく。規範を破ってしまっても，罪悪感を示し，妥当な罰を受け，誠実な謝罪をすることで，再度仲間集団に入ることは可能だ。このようなシステム１は，「自分の文化」の中では有効なシステムであるが，変化する状況には対応しにくいので，異文化に対応するには，柔軟性を欠くゆえ不向きである。システム１が優先されると，異なる規範体系をもつ異文化の人に対して，怒りや嫌悪感を生じさせてしまう。どうにもこうにも納得できないと感じてしまう。

そこで登場するのがシステム２である。システム２はシステム１を調整する役割を担う。たとえば，自動的にわき上がる感情を抑えたり，直感的に思いついたことを考え直す，などである。システム２は，自分のことを客観的に振り返り，あらたな解決方法を考えることにつながる機能だ。したがって，自文化を相対的にとらえて普遍的な道徳性を探るには，システム２が必要になる。

次は、道徳性の文化差について考えていこう。

4 道徳性の文化差

なぜ文化差があるのかというと、人間が発達し環境に応じて柔軟に変化する存在だからである。かように地球上に多様な文化が存在することは、人間の適応能力と創造性の高さを物語る。道徳についても同様であり、文化や国によって驚くほど異なる規範や慣習がある。たとえば、インドでは、食事、衣服、呼称、性役割についてユニークな規範がある。インドでは「父が子どもを杖で殴ること」は正しいことであり、「父の死後長兄が髪を切ること」「牛肉を食べること」「寡婦が魚を食べること」は正しくないと考えられているそうだ。異文化の人には奇異に思われるとしても、その文化の人たちにとっては整合性があり納得がいくものなのだ。では、道徳性の文化差について、次の研究から考えてみよう。

ミラー（**Joan G. Miller**）たちは、次のようなストーリーを、アメリカ人とインド人の子どもと青年に読ませた。

親友の結婚式に出席するために急いでいた。次の列車に乗らなくてはならない。結婚指輪を届けることになっていたのである。しかし、切符の入っていた財布を盗まれてしまった。いろいろ助けを求めるが誰もお金を貸してくれない。がっくりして座っていたベンチで、隣りにいた紳士が上着を置いて用足しに出かけている。その上着のポケットから列車の切符がのぞいている。それを使えば結婚式に間に合う。この紳士はお金を十分もっていて切符を買い直すことができる。

あなたは、次の二つの意見のうちどちらに賛成しますか？

①　たとえ親友に結婚指輪を届けられなくなるにしても、切符を盗んではいけない。

②　たとえ切符を盗むことになっても、結婚指輪を渡すべきだ。

その結果、どの年齢群でも、インド人はアメリカ人よりも、①の「盗んではならない」という道徳原理に基づく行動よりも②の対人関係の義務に基づく行動を選択する傾向が高いという。筆者が大学の講義でこのジレンマ課題を紹介すると、大部分の日本の大学生は①の「盗んではならない」を選択する。②の「切符を盗む」という行為は、理解不能だという学生も多い。

ミラーはこれらの結果から、西洋に特有の道徳性を「権利の道徳性」、インドに特有の道徳性を「対人関係の義務の道徳性」として分類した。害、規範、公平性などの道徳的な概念は、あらゆる文化に見られる。しかしその意味するところが異なるゆえに葛藤が生じる。文化特有の道徳性が育まれているという主張には説得力がある。

事実についての信念

筆者は、知人のインド人に、このストーリーを見せ、判断してもらったことがある。もちろん、インド人といっても地位や出身地により考え方が異なると考えられるが、少なくとも筆者が質問したインド人男性は、躊躇なく②の「切符を盗む」を選び、婚約指輪が非常に大切なアイテムであることを説明し始めた。いわく、親友の結婚指輪は、一年くらい前から預かり、肌身離さず大切に保管するという。肌身離さずというのは誇張ではなく、寝るときもパジャマのポケットに入れるそうだ。そもそも、他者が結婚指輪を結婚式当日にもっていくということ自体、日本ではなじみのない風習だ。筆者は授業で、このインド人の指輪についての風習を説明し、その後感想を求めたところ、多くの学生が「そういう文化の人が、切符を盗んでもよいと考えることは、十分に納得がいく」と言い出したのだ。結婚指輪の風習自体は、道徳的な問題ではない。しかし、この道徳以外の情報、つまり、事実についての信念が、道徳判断に影響を与えるのである。

インド人が「寡婦が魚を食べること」を道徳違反と考えることについても、事実についての信念の違いの点から再解釈してみよう（第2章参照）。これは異文化の人には恣意的で奇妙に思われるが、その集団の中では完全に筋が通っていて神聖不可なルールの一つである。一つの解釈として、インド人のもつ「死後の魂」の存在の信念、つまり、いわゆる死後生の信念に注目してみよう。他の文化の人にとって「たんに魚を食べること」にしかすぎない行為が、インド人にとっては、寡婦の行為が死亡した夫に「害をなす」という意味、すなわち道徳的な意味になる。したがって、寡婦の行為が個人的な問題と解釈されるか、道徳的な問題と解釈されるかが違うだけで、「害するかどうか」という意味のレベルでは道徳原理に文化差はないということになる。なぜ異なってくるのかというと、その原因の一つが、「事実についての信念」の差異であり、その結果、場面の解釈が異なってくるのである。

道徳スクリプト

『フランダースの犬』という物語をご存じだろうか。絵の上手なネロは、風車の火事の犯人と誤解され、その後行き場なくパトラッシュというイヌと一緒に教会で夜をすごし、死んでしまう。死後、冤罪がわかるという切ない話だ。一九九九年のアメリカ版の映画では、ラストシーンが原作から大きく変更されている。マルコは死後、「やっぱり生きたい」と強く願うことで、なんとタイムスリップし、生き返るのである！　そして、高名な画家が実の父親であることもわかり、冤罪も晴れ、新たな晴れ晴れしい人生を歩むことになる。しかしながら、日本で上映されるときは、このラストシーンは日本人に合わないと判断され、配給会社によって独自に編集され、マルコが死ぬところで映画が終了している。監督がよく許可したものだとも思うが、それ以上に、ラストシーンを変えなければ受け入れられないという文化的な事情のほうが、驚きだ。

配給会社は、アメリカ版『フランダースの犬』のラストは日本的な「物語の枠組み」に合わないと考えたと考えられる。ここでいう物語の枠組みは、一種の文化的スクリプトである。スクリプトとは、時系列からなる一連の知識や行動のまとまりのことである。たとえば、レストランで注文する場面を考えてみよう。たいていの場合、「コートをかける」「席に案内される」「メニューを渡される」「オーダーする」というような、一連のスクリプトがある。そして、レストランに行ったときは、そのスクリプトに沿って行動し、「次に何が起こるか」もまたスクリプトを使って予測する。スクリプトが我々の理解を助ける例を、次の文章を読んで考えてみよう。

その手順はとても簡単である。はじめに、ものをいくつかの山に分ける。もちろんその全体量によっては、ひと山でもよい。次のステップに必要な設備がないためどこか他の場所へ移動する場合を除いては、準備完了である。一度にたくさんしすぎないことが肝心である。多すぎるより、少なすぎるほうがましだ。すぐにはこのことの大切さがわからないかもしれないが、面倒なことになりかねない。そうしなければ、高くつくことにもなる。最初はこうした手順は複雑に思えるだろう。でも、それはすぐに生活の一部になってしまう。近い将来、この作業の必要性がなくなると予言できる人はいないだろう。その手順が終わったら、再び材料をいくつかの山に分ける。そして、それぞれ適切な場所に置く。それらはもう一度使用され、またこのすべてのサイクルが繰り返される。ともあれ、それは生活の一部である。

さっぱり意味がわからなかった人も、ある単語を聞けば、あっという間に理解できるだろう（答えは「洗濯」である。もう一度読み直してみよう）。我々は、このように、スクリプトを利用しながら物事を理解していくのである。

文化的スクリプトとは、特定の文化特有のスクリプトのことである。たとえば、欧米のレストラン・スクリプトならば、チップを支払うことや、精算をテーブルで行うこと、従業員が時々やってきて客が満足しているかを確認すること、などがその中に含まれるかもしれない。日本では、ウェイターを呼ぶとき、声を出したり指を鳴らしたりするが、欧米のレストランでは非常に失礼な態度になったり、場合によっては、意味が理解されない。そして、我々は、道徳について考えるときも、想像によって情報が欠落した部分を埋めることによって、一種の物語のように、つじつまの合うストーリーとして理解しようとするのである。そのときに用いられるのが道徳スクリプトである。

道徳スクリプトの文化差について調べた研究では、たとえば、「ある人が教師に故意にけがをさせた」という簡単な記述について、自分で情報を補足して物語をつくらせている。「故意にけがをさせる」行為は、どの文化圏でも「他者への害」であり、道徳違反であろう。しかし、同じように「道徳違反（＝するべきではない）」と考えていても、対象となる行為の認知のされ方は文化間で異なる。なぜなら、「他者にけがをさせる」というものは、前後の文脈から切り離されて道徳判断の対象となるのではなく、判断者がその状況をどのようにとらえるのかという、その行為の文脈の認知とセットになって判断されるからである。そのときに判断に使用されるのが、文化的な道徳スクリプトなのである。

東《あずま》 洋《ひろし》らの研究によると、日本人は、人間関係や気持ちの流れによって物語を綴るようだ。また、故意にけがをさせたとしても、仕方ないと思わせるような事情を付与し、最後に和解に至る物語が多く見られた。日本人に多く見られる道徳スクリプトは、偶発、自責、和解などが含まれるようだ。一方、アメリカ人に多く見られる道徳スクリプトでは、行為者同士の事前の関係にすでに問題があり、行為者の責任が問われ、最後は決裂することも多いようだ、アメリカでは対立、抗争、権利などが含まれるスクリプトなのかもしれない。

ある文化のメンバーは文化特有のスクリプトを身につけ、意識せずに使用する。意識せざるをえなくなるのは、スクリプトが通用しない場合、多くは異文化に接触したときなのである。

文化の中での多様性と流動性

道徳性の文化差が、事実についての信念と道徳スクリプトですべて説明できるというわけではないことには注意を喚起しておきたい。そのうえで、ここでは、文化についての新たな考え方を紹介する。

そもそも文化という言葉自体、多様性をもっている。たとえば、文楽や茶の湯などは日本文化とよばれる。このように、具体的な制度や道具を文化とよぶ場合がある。次に、我々を取り巻き、影響を与える存在としての文化、という使われ方もある。この場合、多くは、国や会社のように、文化は人間と独立して存在するものとしてとらえられる。文化が原因で人間の行動や精神はその結果という図式があてはまる。

しかし、実際には、「自分の文化」は一つではない。個人は同時に複数の文化圏に所属している。また同じ文化のメンバーも、その時々の状況に応じて、行動や判断は揺れ動く。たとえば、東洋人は集団主義、西洋人が個人主義というように、文化を二分して理解する考え方が広く認知されているが、これは国による違いの原因を過度に個人の内的な傾向性に求めることから生じたもので、実際には状況による差のほうが大きいという指摘もある。

そこで、文化についての第三の考え方は、個人と文化が相互作用するというものだ。前述の東は、個人が自分のまわりに「自分の文化」を紡ぎ出すこと、つまり、個人が文化に能動的に働きかけ、かつそのまとまりの核になるというように文化をとらえている。文化はけっして固定的なものでも、安定したものでもないのだ。この見方は、人間の発達が流動的で能動的であるという考え方にも適合する。発達がダイナミックでアクティブな過程であるということと同様に、文化もまた、静止したものではなく、長期的につくり出されるものであり、短期的にはその場その場で文化という「範囲」を定め、その範囲の中での意味を多様につくり出していく、流動性の高いものなのである。

鄭雄一は『東大理系教授が考える道徳のメカニズム』の中で、「人を殺してはいけない」というルールがある一方で、「実際には死刑制度が認められる」「戦争で人を殺すと英雄視されることがある」という矛盾について、前者の意味する「人」は「仲間」のことであり、後者は「仲間以外」を意味するのだと説明している。このように、我々は、範囲も意味も、そのときどきに変化させながら、そして情報の欠落に対しては想像で補いながら、道徳的な問題に対応しているのである。

本章のまとめ――発達の行き着く先：発達の縦糸と文化の横糸が織りなす人生

連日の国家間、文化間の闘争の報道を見るにつけ、文化による差異はネガティブな印象を与えることも多い。第5章で見てきたように、我々は物事を「分ける」存在であり、他者を「私たち（仲間）」と「他の人たち（奴ら）」に分ける傾向性が高い。それに対し、古くはコールバーグから、最近では発達心理学者のブルーム、そして哲学者のグリーン（Joshua Greene）にいたるまで、彼らが指摘することは共通している。仲間内（コミュニティ内、同じ文化内）の道徳は感情と直感の道徳性と関連し、普遍的な道徳は理性（論理的思考力）と強く関係する。そのうえ、両者を厳密に区別することは不可能であり、かつ、相互に補完し合う関係である。共感は仲間内で最も発露しやすく、仲間以外には向けられにくい。感情が行動に与える影響は迅速で、かつ強い。そして、罰の正当性や公平性の判断には、道徳的感情というガソリンも必要なのだ。

また、「システム２」にあたる、理性に基づく道徳性は、時間をかけて徐々に発達していくものである。働きがスローであると同時に、発達的変化もスローなのだ。そして、多文化共生社会が作法となった現代社会においては、あらためてこの「システム２」の重要性が増している。なぜなら、コミュニティ内で暗黙のうちに共有している、個人的で特殊な規範を相対化し、あらゆる多様な人々と共通の視点を求めるためには、直感に基づく道徳性だけではなく、それを調整する機能をもつ、理性に基づく道徳性が必要になるからだ。「だって嫌いだから。理由はわからないけど」では文化を超えた道徳性の共通性を探ることはできない。異なる道徳性を有する文化同士が共生するためには、妥協や和解のためには、「理由」が必要なのだ。古いが、しかし力強い概念、道徳推論（moral reasoning）とよばれるものだ。

なお、この妥協や和解、という意味に自文化の否定は含まれない。くどくなるが、自文化から他文化を見るという視点と、文化を相対化する視点は違う。具体的には、次の表７－２（世界を見る三つのものの見方）を参照してほしい。左の、自分たちの世界とその他の世界という見方で世界をとらえる自己中心のものの見方に、偏見や排他性という危険性が伴いやすいという理解はたやすいが、中央の国際的なものの見方も、国益を守ることが優先され、文化や国同士の序列が生まれやすいということに気づく必要がある。右のグローバルなものの見方

表7-2　世界を見る3つのものの見方

	自国中心のものの見方	国際的なものの見方	グローバルなものの見方
イメージ図	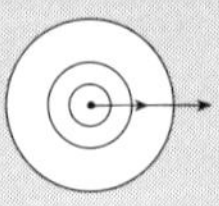	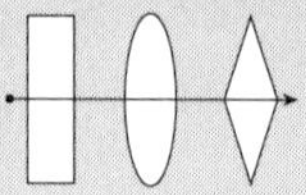	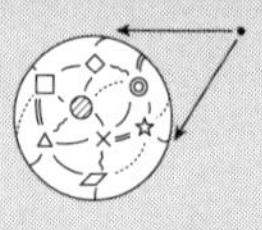
世界のとらえ方	「自分たちの世界」と「その他の世界」という見方で世界をとらえる。	世界は国家の集合体として認識され，各国の「違い」にも目が向けられる。	地球全体を1つのシステムとして把握する。
	つねに「自分たちの世界」を基準として物事が判断される。	自国を他国と横並びに位置づけて自己との「つながり」から世界を見る。	国家だけを基本に世界を見るのではなく，「国家以外の活動主体」とのつながりが考慮される。
ものの見方の出発点	自国の内にあり，つねに国益が最優先される。	自国の内にあり，国益を守ることが第1の目的。自国にとって有益な国かそうでないかという序列が生まれやすい。	地球全体を視野に入れ，国益を超えた地球益の発想から物事が判断される。

（出典）　小関一也 (2011).「多元性・多層性から読み解くグローバル・シティズンシップ ——「グローバルなものの見方」を基軸として」『国際理解教育』**17**, 47-54.

こそ、真の国際理解ともいうべき視点である。我々がどの立場に立っているのかを常に問い続ける必要があるのではないだろうか。

第４節で確認したように、文化という「範囲」は固定的なものではなく、そのときそのときの状況によって変化する。また、個人は複数のコミュニティ（文化）に所属している。今後は、仲間内と普遍的なものとの、感情モードと理性モードのスイッチ（切り替え）が研究課題となっていくと予想される。

あらゆる面で多様な我々の心の機能が、はたしてどのように発達し、どのように関連し合うのか、対人関係や教育がどのような役割をもつのかについては、検証が始まったはかりである。我々の人生が、現在進行形で変化しつつある、発達という縦糸と文化という横糸をより合わせる過程だとしたら、道徳性の研究は、専門家のみならず人間一人ひとりが考えていく、壮大な歴史の織物なのではないだろうか。そしてそれはまだ編み始められたばかりかもしれない。

おわりに

荒地ではなく
木の葉がすべて地下にある
大きな倒錯の森なのだ
――『倒錯の森』J・D・サリンジャー著、刈田元司・渥美昭夫訳より

本書執筆の動機は、道徳性発達研究の面白さを読者に伝えることである。「はじめに」で述べたように、筆者は子どもがどのように善悪を判断するのか、正義というものをどのように理解しているのか、ということを細々と研究してきた。近年は、道徳的感情の研究が中心になってきた。具体的には、幼稚園や保育園に赴いて、あるいは筆者の大学の実験室に子どもに来てもらって、本書で紹介したような実験を行っているのだ。筆者としては、「調べる」というより、子どもの世界を「のぞかせてもらっている」という感覚である。私たちは人間

に「心」があると思い、それを前提に行動している。社会もその前提で成り立っている。だがその「心」は見えない。子どもがどのように善悪を判断し、正義について考えているか、その「心の中身」はなかなかつかめない。

そのようにして「のぞかせてもらった」子どもの道徳の世界は、深く、広く、複雑で、いまなお、よくわからない。もちろん、筆者一人の研究は研究の森の中のごくごく一部、それこそ地に落ちた葉っぱ一枚程度のものでしかない。しかし、子どもの道徳性を探ろうと多くの研究者が奮闘した結果を、この豊かな森の一端を、より多くの人に知ってもらえる機会はないものかと、かねてより思っていた。そのようなときに、ちとせプレスの櫻井堂雄さんから本書の執筆についてお声をかけていただいた。一も二もなく、お引き受けしたのであった。

しかしながら、執筆開始早々にして、無謀ともいえる挑戦だということに気づいてしまった。研究の森、その中でも道徳性発達の森は、進めどもはてがなく、混迷を極めてしまった。見えたと思った瞬間消えてしまうような、もどかしさに何度も出会った。

さらには、筆者の身に大きな変化が生じる。二〇一六年九月から二〇一七年八月まで、サバティカルを取得し、トロント大学のチャールズ・ヘルウィグ博士（一二五頁参照）によばれ、客員教授として赴任することになった。

きっかけは筆者の博士論文であった。博士論文執筆の当時、社会性、道徳性の発達研究のテーマは、親子関係など身近な対人関係を扱うものが主流であった。いまにして思えば天邪鬼的な感覚で、身近ではない関係の道徳性の研究はないものかと探しているところに、ヘルウィグ先生の論文に出会った。それは「言論の自由」や「宗教の自由」などの権利という概念を子どもがどのように理解しているかについての研究であった。当時の筆者は、「そんなテーマがありうるのか」ということと、実験方法を工夫すれば一見小難しい概念についての子どもの理解を探ることができるということに興味をもって、嬉々として実験に取り組んだ。まさかそのときに発表した日本語の論文のアブストラクトをヘルウィグ先生が見て、筆者の名前を覚えてくれていたとは、その当時の「ひよっこ研究者」は知る由もないのだが。

よく知られるように、トロントは多文化共生都市といわれる。渡加してみると、本当に人種がごちゃまぜになって暮らしていた。電車の中では、一人として同じ民族の人がいないのではないか、というくらいバラバラの人種の人が当然のように乗り合わせている、ということもあった。またある日のこと。図書館で本を探している筆者から少し離れたところで、金髪碧眼の幼児が一人で遊んでいた。子どもが迷子になったのかと思った他の利用者が「子どもが一人でいるわ。あなたがお母さん?」と、何の疑いもなく、私に聞いてきた。また、トロント大学には多様な宗教的バックグラウンドをもった人たちをフォローする施設があり、定期的にムスリムとカソリックの学生同士の話し合いの場も設けられていたりする。トロントが多文化共生を実現しているのかどうかは、じつのところわからない。だが、ちょうどこの時期にアメリカ大統領選挙があり、多文化の問題を否応なく考えさせられたのは事実である。

本書の執筆において、このトロント在住は大きな影響を与えたと思っている。第6章までは、道徳の輪が個人から仲間、社会へと広がる展開にしようと思っていた。ここまでは予想通り。しかし最後の第7章は、執筆開始段階の予想を超えて、大風呂敷を広げることになってしまった。トロント在住経験のなせる技だと思っている。

本書はまた、章の内容とフィットする小説や映画をたくさん挿入した。自分の偏った読書経験から探すことは苦労もあったが、予想以上に楽しい作業となった。あらためて、名作とよばれるものは、人間の心や社会をうまく表現していることに気づかされた。できるだけ評価の安定している作品を選んだつもりだが、日本の作品がほとんどなく、ややSFとファンタジーに偏っているのは、筆者の嗜好によるものである。

本書が一冊にまとまるまでには、たくさんのかたたちにお世話になった。ちとせプレスの櫻井堂雄さんには、遅々として進まない原稿を忍耐強く待っていただき、的確なコメントを頂戴した。櫻井さんのお力なく本書は完成しなかった。心からお礼申し上げる。また、お忙しいなか、林創さん、越中康治さん、鈴木亜由美さん、溝渕佐知さん、野田賀大さんには草稿に貴重なコメントをいただいた。本書の不備はすべて筆者の責任であるが、厚くお礼申し上げる。

さらに、筆者の観察や実験に快く協力してくださった、幼稚園、保育園、小学校などの学校関係者と子どもたちにも感謝申し上げる。子どもたちと関わるなかで、あるいは先生がたと話し合うなかで、子どもの発達について深く考えるきっかけを得た。本書の中に出てくる子どもの例は、適宜修正しているが、これらのかたたちとのやりとりの中からヒントをいただいた。
最後に、お読みくださった読者のみなさまに深く感謝申し上げる。

二〇一七年九月二五日

長谷川 真里

主要引用文献

アシモフ・I（小尾芙佐訳）（二〇〇四）『われはロボット〔決定版〕』アシモフのロボット傑作集、早川書房

荒木寿友（二〇一七）『ゼロから学べる道徳科授業づくり』明治図書

有光興記・藤澤文編（二〇一五）『モラルの心理学――理論・研究・道徳教育の実践』北大路書房

Arsenio, W. F., Gold, J., & Adams, E. (2006). Children's conceptions and displays of moral emotions. In M. Killen & J. G. Smetana (Eds.), *Handbook of moral development* (pp. 581-609). Mahwah, NJ: Erlbaum.

アスティントン、J・W（松村暢隆訳）（一九九五）『子供はどのように心を発見するか――心の理論の発達心理学』新曜社

東洋（一九九七）「日本人の道徳意識――道徳スクリプトの日米比較」柏木惠子・北山忍・東洋編『文化心理学――理論と実証』東京大学出版会、八八－一〇八頁

Bloom, P. (2013). *Just babies: The origins of good and evil*. New York: Crown.（竹田円訳、二〇一五『ジャスト・ベイビー――赤ちゃんが教えてくれる善悪の起源』ＮＴＴ出版）

Bransford, J. D., & Johnson, M. K. (1972). Contextual prerequisites for understanding: Some investigations of comprehension and recall. *Journal of Verbal Learning and Verbal Behavior*, **11**, 717-726.

Bronfenbrenner, U. (2005). *Making human beings human: Bioecological perspectives on human development.* Thousand Oaks, CA: Sage.

Cole, M., & Cole, S. R. (2001). *The development of children* (4th ed.). New York: Worth Publishers.

Damon, W. (1983). *Social and personality development: Infancy through adolescence.* New York: Norton & Company.（山本多喜司編訳、一九九〇『社会性と人格の発達心理学』北大路書房）

Darwin, C. (1877). A biographical sketch of an infant. *Mind*, **2**, 285-294.

Davis, M. H. (1983). Measuring individual differences in empathy: Evidence for a multidimensional approach. *Journal of Personality and Social Psychology*, **44**, 113-126.

越中康治（二〇〇一）「幼児の対人葛藤場面における第三者の行動」『広島大学心理学研究』一号、一九三－二一七頁

越中康治（二〇〇五）「仮想場面における挑発、報復、制裁としての攻撃に対する幼児の道徳的判断」『教育心理学研究』五三巻、四七九－四九〇頁

越中康治・目久田純一・淡野将太・前田健一（二〇〇六）「制裁としての攻撃に対する幼児の善悪判断に及ぼす損害の回復可能性の影響」『広島大学大学院教育学研究科紀要 第三部 教育人間科学関連領域』五五号、二三七－二四三頁

Greene, J., & Haidt, J. (2002). How (and where) does moral judgment work? *Trends in Cognitive Sciences*, **6**, 517-523.

Haidt, J. (2001). The emotional dog and its rational tail: A social intuitionist approach to moral judgment. *Psychological Review*, **108**, 814-834.

Haidt, J. (2003). The moral emotions. In R. J. Davidson, K. R. Scherer & H. H. Goldsmith (Eds.), *Handbook of affective sciences* (pp. 852-870). Oxford: Oxford University Press.

ハイト、J（藤澤隆史・藤澤玲子訳）（二〇一一）『しあわせ仮説――古代の知恵と現代科学の知恵』新曜社

ハイト、J（高橋洋訳）（二〇一四）『社会はなぜ左と右にわかれるのか――対立を超えるための道徳心理学』紀伊國屋書店

Hamlin, J. K., & Wynn, K. (2011). Young infants prefer prosocial to antisocial others. *Cognitive Development*, **26**, 30-39.

Hamlin, J. K., Wynn, K., & Bloom, P. (2007). Social evaluation by preverbal infants. *Nature*, **450**, 557-559.

長谷川真里（二〇〇四）『言論の自由に関する社会的判断の発達』風間書房

長谷川真里（二〇一二）「社会認識」高橋恵子・湯川良三・安藤寿康・秋山弘子編『発達科学入門 第二巻 胎児期～児童期』東京大学出版会、二五五－二六八頁

長谷川真里（二〇一四）「他者の多様性への寛容――児童と青年における集団からの排除についての判断」『教育心理学研究』六二巻、一二－二三頁

長谷川真里（二〇一四）「信念の多様性についての子どもの理解――相対主義、寛容性、心の理論からの検討」『発達心理学研究』二五巻、三四五－三五五頁

林創（二〇一六）『子どもの社会的な心の発達』金子書房

Kahneman, D. (2012). *Thinking, fast and slow*. London, UK: Penguin.（村井章子訳、二〇一二『ファスト＆スロー――あなたの意思はどのように決まるか？』上下、早川書房）

Karasawa, M., Maass, A., Rakić, T., & Kato, A. (2014). The emergent nature of culturally meaningful categorization and language use: A Japanese-Italian comparison of age categories. *Journal of Cross-Cultural Psychology*, **45**, 431-451.

Killen, M., Mulvey, K. L., Richardson, C., Jampol, N., & Woodward, A. (2011). The accidental transgressor: Morally-relevant theory of mind. *Cognition*, **119**, 197-215.

Killen, M., & Rutland, A. (2011). *Children and social exclusion: Morality, prejudice, and group identity*. New York: Wiley-Blackwell.

Kinoshita, Y. (2006). Children's judgment of the legitimacy of group decision-making about individual concerns: A comparative study between England and Japan. *International Journal of Behavioral Development*, **30**, 117-126.

木下芳子（二〇〇九）「多数決の適用についての判断の発達 ── 日本とイギリスとの比較研究」『発達心理学研究』二〇巻、三一一－三二三頁

Kohlberg, L. (1971). From is to ought: How to commit the naturalistic fallacy and get away with it in the study of moral development. In T. Mischel (Ed.), *Cognitive development and epistemology* (pp. 151-235). New York: Academic Press.

Lewis, M. (2000). The emergence of human emotions. In M. Lewis & J. M. Haviland-Jones (Eds.), *Handbook of emotions* (2nd ed., pp. 265-280). New York: Guilford Press.

Lewis, M. (2008). The emergence of human emotions. In M. Lewis, J. M. Haviland-Jones & L. F. Barrett (Eds.), *Handbook of emotions* (3rd ed., pp. 304-319). New York: Guilford Press.

Meltzoff, A. N., & Moore, M. K. (1977). Imitation of facial and manual gestures by human neonates. *Science*, **198**, 75-78.

Miller, J. G., & Bersoff, D. M. (1992). Culture and moral judgment: How are conflicts between justice and interpersonal responsibilities resolved? *Journal of Personality and Social Psychology*, **62**, 541-554.

中川美和・山崎晃（二〇〇五）「幼児の誠実な謝罪に他者感情推測が及ぼす影響」『発達心理学研究』一六巻、一六五－一七四頁

二宮克美（一九八〇）「児童の道徳的判断に関する一研究――Gutkin の４段階説の実験的検討」『教育心理学研究』二八巻、一八－二七頁

小関一也（二〇一一）「多元性・多層性から読み解くグローバル・シティズンシップ――「グローバルなものの見方」を基軸として」『国際理解教育』一七巻、四七－五四頁

Piaget, J. (translated by M. Gabain) (1932). *The moral judgment of the child*. New York: Simon & Schuster.（大友茂訳、一九五七『臨床児童心理学３　児童道徳判断の発達』同文書院）

Pietraszewski, D., & German, T. C. (2013). Coalitional psychology on the playground: Reasoning about indirect social consequences in preschoolers and adults. *Cognition*. **126**, 352-363.

サリンジャー、Ｊ・Ｄ（刈田元司・渥美昭夫訳）（一九六八）『倒錯の森』荒地出版社

シェイクスピア、Ｗ（小田島雄志訳）（一九八三）『ハムレット』白水社

シェイクスピア、Ｗ（小田島雄志訳）（一九八三）『コリオレーナス』白水社

シェイクスピア、Ｗ（小田島雄志訳）（一九八三）『ヴェニスの商人』白水社

シェイクスピア、Ｗ（小田島雄志訳）（一九八三）『マクベス』白水社

シェイクスピア、W（小田島雄志訳）（一九八三）『ヘンリー五世』白水社
シェイクスピア、W（小田島雄志訳）（一九八三）『ジュリアス・シーザー』白水社
シェイクスピア、W（小田島雄志訳）（一九八三）『終わりよければすべてよし』白水社
首藤敏元・二宮克美（二〇〇三）『子どもの道徳的自律の発達』風間書房
Shweder, R. A., Mahapatra, M., & Miller, J. G. (1987). Culture and moral development. In J. Kagan & S. Lamb (Eds.), *The emergence of morality in young children* (pp. 1-83). Chicago: University of Chicago Press.
Shweder, R. A., Much, N. C., Mahapatra, M., & Park, L. (1997). The "big three" of morality (autonomy, community, divinity), and the "big three" explanations of suffering. In A. M. Brandt & P. Rozin (Eds.), *Morality and health* (pp. 119-169). New York: Routledge.
Smetana, J. G., Campione-Barr, N., & Yell, N. (2003). Children's moral and affective judgments regarding provocation and retaliation. *Merrill-Palmer Quarterly*, **49**, 209-236.
Smetana, J. G., Jambon, M., Conry-Murray, C., & Sturge-Apple, M. L. (2012). Reciprocal associations between young children's developing moral judgements and theory of mind. *Developmental Psychology*, **48**, 1144-1155.
鈴木亜由美（二〇一四）「幼児の道徳的文脈における誤信念の理解」『発達心理学研究』二五巻、三七九－三八六頁
鈴木忠（二〇〇八）『生涯発達のダイナミクス――知の多様性 生き方の可塑性』東京大学出版会
高橋惠子（二〇一二）「発達とは」高橋惠子・湯川良三・安藤寿康・秋山弘子編『発達科学入門　第一巻　理論と方法』東京大学出版会、三－一九頁
Takahashi, K., & Hatano, G. (1994). Understanding of the banking business in Japan: Is economic prosperity

accompanied by economic literacy? *British Journal of Developmental Psychology*, **12**, 585-590.

田村綾菜（二〇〇九）「児童の謝罪認知に及ぼす加害者の言葉と表情の影響」『教育心理学研究』五七巻、一三一-一四三頁

鄭雄一（二〇一三）『東大理系教授が考える道徳のメカニズム』ＫＫベストセラーズ

戸田有一・橋本祐子（二〇一三）「報酬・責任の分配における幼児の公平判断――返報性・巡報性・ケアの考慮」『道徳性発達研究』八巻、一-九頁

Tomasello, M. (2009). *Why we cooperate*. Cambridge, MA: MIT Press.（橋彌和秀訳、二〇一三『ヒトはなぜ協力するのか』勁草書房）

外山紀子・大林路代（二〇〇七）「プライバシーと知る権利に関する子どもの理解」『発達心理学研究』一八巻、二三六-二四七頁

Turiel, E. (1983). *The development of social knowledge: Morality and convention*. Cambridge, UK: Cambridge University Press.

Turiel, E. (2002). *The culture of morality: Social development, context, and conflict*. Cambridge, UK: Cambridge University Press.

Tversky, A., & Kahneman, D. (1974). Judgment under uncertainty: Heuristics and biases. *Science*, **185**, 1124-1131.

Yuill, N. (1984). Young children's coordination of motive and outcome in judgements of satisfaction and morality. *British Journal of Developmental Psychology*, **2**, 73-81.

Yuill, N., Perner, J., Pearson, A., Peerbhoy, D., & Van den Ende, J. (1996). Children's changing understanding of wicked desires: From objective to subjective and moral. *British Journal of Developmental Psychology*, **14**, 457-475.

—— の共有の感覚　40
ルール理解　27, 90
ロボット三原則　35
論理的思考力　149, 162

わ行

和　解　61
わたしたち性　39

人名索引

東　洋　160, 161
越中康治　56
カーネマン（Daniel Kahneman）　151
キーレン（Melanie Killen）　17, 19, 103
グリーン（Joshua Greene）　162
ゲージ，フィニアス（Phineas Gage）　71
コールバーグ（Lawrence Kohlberg）　149, 162
ジェームズ，ウィリアム（William James）　6
スメタナ（Judith G. Smetana）　20, 51
ダーウィン（Charles Robert Darwin）　82
チュリエル（Elliot Turiel）　31
鄭雄一　162
デイヴィス（Mark Davis）　78, 80
デーモン（William Damon）　65
トマセロ（Michael Tomasello）　38, 95
ハイト（Jonathan David Haidt）　75, 85, 86
ハムリン（J. Kiley Hamlin）　7, 8
ピアジェ（Jean Piaget）　3, 5, 10, 27-29, 32, 129
ブルーム（Paul Bloom）　53, 162
ブロンフェンブレンナー（Urie Bronfenbrenner）　120
ベネディクト，ルース（Ruth Benedict）　83
ヘルウィグ（Charles Helwig）　125
ホフマン（Martin Hoffman）　77
ミラー（Joan G. Miller）　154
メルツォフ（Andrew N. Meltzoff）　9
リー（Kang Lee）　42
ルイス（Michael Lewis）　73, 82

道徳性　1
　── の文化差　154
　権利の ──　155
　対人関係の義務の ──　155
道徳的感情　74
道徳的誤信念課題　17
道徳的ジレンマ　44
道徳判断　20, 86
道徳ルール　31, 44

な行

内集団　99
内発的動機づけ　96
仲間集団　94, 103
仲間はずれ　103
　人種による ──　105
二次的感情　73, 90
日本人　83, 89, 98, 130, 160
乳児（赤ちゃん）　6, 53, 77, 90
　── の有能性　9, 151
人間関係　28
　身近な ──　118
認知的負荷　13
認知能力　67, 107, 129, 144
認知発達理論　129
ノーブ効果　22

は行

排　除　108
恥　82
罰　50
　第三者の ──　55, 56
発　達　143, 163
発達段階　11, 28, 149
ハッピー・ヴィクティマイザー現象　106, 149
反社会的行動　8
ヒューリスティクス　99, 136, 151
平　等　64
平等主義　66
平等バイアス　66
ファンタジー　79
副作用効果　22
物理的ルール　26
不平等　64
プライバシー　128
文化差　132, 152, 154
文化的スクリプト　159
分　配　64, 119
　負担の ──　67
分配的正義　50, 64, 120
偏　見　108

ま行

マイクロシステム　121
マクロシステム　121
マスメディア　134
ミラーニューロン　77
メゾシステム　121
メタ認知能力　67

や行

許　し　61
養育者　90
幼　児　2, 10, 17, 31, 33, 51, 56, 65, 68, 84, 87, 102, 103, 106, 112
欲　求　65

ら行

理　性　71, 151, 162
利他的行動　88
流動性知能　143
類人猿　39
ルール　25

事象関連電位　33
システム 1　151, 153
システム 2　151, 153, 163
視点取得　79
視点取得能力　67
児童用共感性尺度　80
社会正義　121
社会的領域理論　31
社会的ルール　26
社会認識　122
謝　罪　61
　── の言葉　63
　誠実な ──　62
謝罪－許容スクリプト　61
シャーデンフロイデ　80
自　由　124
　言論の ──　124, 126, 138
　集会の ──　124
集　団　94, 118
集団幻想　135
集団志向性　105
集団斉一性　105
縦断的研究　20
小学生　17, 51, 62, 65, 102, 104, 107, 113, 126, 128-130
情動伝染　77
処罰者　55
ジレンマ課題　155
進　化　144
人　権　124
親切行動　95
信　念　1, 15
　事実についての ──　45, 115, 156
心理学　6
心理的ジレンマ　44
心理的欲求　44
スクリプト　61, 158
ステレオタイプ　108
スマーティー課題　17
正　義　50
制　裁　51, 55, 56
正常性バイアス　136
生態学的モデル　120
生得説　146
善　悪　1
善悪判断　1
　幼児の ──　12
相互作用説　20, 147
組織的行動　118
素朴楽天主義　144

た行

対応バイアス　118
大学生　104, 130, 132, 137
対人的反応性指標　78
代表性バイアス　99
他者苦痛　75
他者賞賛　75
他者批判　75
タブラ・ラサ　146
だまし箱課題　17
知　恵　143
知　能　143
チャムグループ　103
中学生　103, 108, 126, 128, 130
直　感　151, 162
告げ口　58
罪　51
手続き的正義　50
動　機　1, 10
道具的謝罪　62
同　情　80
道徳逸脱行為　51
道徳推論　163
道徳スクリプト　159

事項索引

あ行

赤ちゃん（乳児）　6, 53, 77, 90
アンダー・マイニング現象　96
ERP　33
いじめ　102
一次的感情　73, 89
遺伝説　146
意　図　1, 10, 12
意味世界　46
エクソシステム　121
N2 成分　33
援助行動　95
横断的研究　20
大　人　20, 59, 68
思い込み理論　135

か行

外集団　94, 99
外発的動機づけ　96
回避的行動　84
確証バイアス　136
カテゴリー化　99
感覚や注意の共有　39
環境説　146
感　謝　88
感謝心尺度　88
慣習ルール　31
感　情　71, 151, 162
寛容性　112
基本的感情　73
教　育　115, 137
共　感　77
共感的関心　79
矯正的正義　50, 51
恐　怖　73
具体的操作期　129
経験説　146
経済学的知識　137
形式的操作期　129
結晶性知能　143
嫌　悪　85
言語発達　145
権　利　124
高校生　104, 137
向社会的行動　8
公　正　50
公　平　50
心の理論　14, 19, 78, 112
　二次の ——　40
個人的苦痛　79
誤信念課題　16, 20
コミュニケーション　90

さ行

罪悪感　63, 75, 82
裁判員制度　59
サリー・アン課題　16
シェリフの研究　101
ジェンダー・ステレオタイプ　103
仕返し　51
時間的展望能力　67
自己意識　75
自己賞賛　75
自己批判　75
自己評価的感情　74
思春期　103

著 者

長谷川 真 里（はせがわ まり）

2003 年，お茶の水女子大学大学院博士後期課程修了，博士（人文科学）。現在，横浜市立大学国際総合科学部教授。

主要著作に，『言論の自由に関する社会的判断の発達』（風間書房，2004 年），「社会科教育と社会認識の発達」（『児童心理学の進歩　55 巻』金子書房，2016 年）など。

子どもは善悪をどのように理解するのか？
—— 道徳性発達の探究

2018 年 2 月 15 日　第 1 刷発行

著　者　長谷川 真 里
発行者　櫻 井 堂 雄
発行所　株式会社ちとせプレス
〒 157-0062
東京都世田谷区南烏山 5-20-9-203
電話　03-4285-0214
http://chitosepress.com
装　幀　山 影 麻 奈
印刷・製本　中央精版印刷株式会社

ISBN 978-4-908736-08-7　C1011